Hamburger Innenstadt 1945

Rolf Stephan

Hamburg

ehemals, gestern und heute

Die Freie und Hansestadt
im Wandel der Zeit

Mit einem Beitrag
„Wohnen in Hamburg
im 19. und 20. Jahrhundert"
von Gerhard Hirschfeld

J. F. Steinkopf Verlag
Stuttgart Hamburg

Grußwort zur 1. Auflage

Die Freie und Hansestadt Hamburg gehört zu den alten europäischen Stadtrepubliken. Ihre Geschichte reicht über tausend Jahre zurück. Ihr bauliches Gesicht aber stammt im wesentlichen aus jüngerer Zeit.

Hierzu haben die Hamburger zum Teil selber sehr mutwillig beigetragen. Alte Bausubstanz wurde oft – wie zum Beispiel im Falle des Doms (1805) – im Zuge neuer Stadtplanung zerstört. Aber auch große Katastrophen, wie der Hamburger Brand von 1842 oder der 2. Weltkrieg, haben große Teile der Stadt in Schutt und Asche gelegt und dabei viel Altes vernichtet.

Es gibt also nur noch wenig historische Bausubstanz. Und doch: Wer durch die Hansestadt wandert, wird dies kaum als Mangel empfinden. Denn Hamburg ist eine schöne Stadt –
und eine Stadt mit geschichtlichen Spuren.

Sie wird geprägt von Alster und Elbe, von Gärten, Parks und Grün. Und die Bauten, die man nach den Zerstörungen und auch zu anderen Zeiten errichtete, haben sich zum überwiegenden Teil harmonisch in ihre natürliche und gestaltete Umgebung eingefügt. Kein Wunder, daß das Wort vom „Kunstwerk Hamburg" entstehen konnte.

Dieses Werk durch ein reichbebildertes Buch zu betrachten, ist für Hamburger und für alle, die Hamburg lieben, sicher sehr reizvoll. Interessant ist vor allem der Vergleich der historischen Bilder mit dem Aussehen der Stadt heute. Er zeigt auf einprägsame Weise Ursprung und Entwicklung, Tradition und Wandel. Und er beweist nicht zuletzt: Trotz aller Veränderungen im Äußeren war Hamburg immer eine anziehende, lebens- und liebenswerte Stadt.

Dr. Klaus von Dohnanyi
Erster Bürgermeister der
Freien und Hansestadt Hamburg
Hamburg, im Oktober 1985

Grußwort zur 2. Auflage

In den ersten Jahren nach dem Krieg, angesichts Zerstörung der Stadt und Verwüstung des Hafens, schien auch das Interesse der Bürger an der Geschichte Hamburgs verlorengegangen zu sein. Der notwendige stürmische, zum Teil hektische Wiederaufbau, besonders in den 50er und 60er Jahren, ließ kaum Zeit für Stunden des historischen Erinnerns an das Werden und Wachsen der Stadt wie an die Leistungen ihrer Bürger in den vergangenen Jahrhunderten.

Erst später, als Hamburg wieder zu neuem Leben fand, wieder als liebens- und lebenswerte, schöne und leistungsfähige Metropole des Nordens erstand, kamen bei den älteren Bürgern, aber auch bei der herangewachsenen jüngeren Generation die Fragen nach dem früheren Geschehen auf.

Geschichte, vor allem Stadtgeschichte, ist wieder eine wichtige Grundlage für das Verständnis der heutigen Zeit und für die Gestaltung des zukünftigen Lebens geworden. Viele bemerkenswerte Abhandlungen zur Geschichte unserer Stadt sind in der letzten Zeit entstanden. Dazu gehört auch dieses Buch. Daß es durch seine übersichtliche Gliederung, durch die zahlreichen Abbildungen, durch die zum Teil selten gezeigten und zeitvergleichenden Bilder und Luftaufnahmen aus den einzelnen Stadtgebieten und besonders vom Hafen – und zwar aus der Zeit vor dem Krieg, nach der Zerstörung und heute – wie auch durch den erläuternden Text viele Freunde gefunden hat, muß nicht verwundern. Die 1. Auflage war schon in verhältnismäßig kurzer Zeit vergriffen, Verlag und Autor mußten sich zu einer 2., aktualisierten Auflage entschließen. Daß diese zweite Auflage der ebenso schönen wie interessanten Hamburgensie „Hamburg – ehemals, gestern und heute" im Jahr unseres 800. Hafengeburtstages erscheinen konnte, freut mich besonders. Autor und Verlag haben dafür meine Anerkennung und meinen Dank.

Dr. Henning Voscherau
Erster Bürgermeister der
Freien und Hansestadt Hamburg
Hamburg, im Mai 1989

Herrn Professor Dipl.-Ing. Otto Sill (1906 – 1984)

Leiter des Tiefbauamtes (1951 – 1964) und Oberbaudirektor der Baubehörde (1964 – 1971) der Freien und Hansestadt Hamburg, Ehrenmitglied des Architekten- und Ingenieur-Vereins Hamburg,

in dankbarer Erinnerung gewidmet

Umschlag, vorn oberes Bild: Der Jungfernstieg, 1932
mittleres Bild: Der Jungfernstieg in Flammen, 1942
unteres Bild: Der Jungfernstieg heute

Umschlag, hinten: Der Fernsehturm Hamburg – Heinrich-Hertz-Turm (erbaut 1965–1968, 271 m hoch)

Innendeckel, vorn: Hamburger Innenstadt, 1945

Innendeckel, hinten: Hamburger Innenstadt nach dem Wiederaufbau

Bild gegenüber Titel: 1 Die Hauptkirche St. Michaelis, von den Hamburgern liebevoll „Michel" genannt, ist das Wahrzeichen der Freien und Hansestadt Hamburg seit rund 300 Jahren. Das Foto wurde aufgenommen kurz vor Beginn der umfangreichen Instandsetzungsarbeiten am Turm und Turmhelm (s. Bild 201, Seite 75)

Bild gegenüber Grußwort: 2 Das Hamburger Rathaus im Mittelpunkt der Stadt mit dem 1982 neugestalteten Rathausmarkt. Im Vordergrund die Kleine Alster mit der neuen Freitreppe am Reesendamm, in Verbindung mit der 1846 geschaffenen Viertelkreistreppe und dem 1931 errichteten Ehrenmal. Im Hintergrund der Nikolai-Kirchturm; heute Gedenkstätte an die großen Zerstörungen und Opfer der Stadt 1943 (siehe Bild 12, Seite 11 und Bild 172, Seite 63)

2 3 4 96 92 89

Gesamtherstellung: Druckerei Röhm GmbH, Sindelfingen
Alle Rechte vorbehalten
©J. F. Steinkopf Verlag GmbH, Stuttgart Hamburg 1989

CIP-Kurztitelaufnahme der Deutschen Bibliothek
Hamburg – ehemals, gestern und heute: d. Freie u. Hansestadt im Wandel der Zeit/Rolf Stephan. Mit einem Beitrag „Wohnen in Hamburg im 19. und 20. Jahrhundert" von Gerhard Hirschfeld. – Stuttgart: Steinkopf 1985.
2. aktualisierte Auflage 1989.
    ISBN 3-7984-0633-2
NE: Stephan, Rolf (Bearb.); Hirschfeld, Gerhard: Wohnen in Hamburg im 19. und 20. Jahrhundert

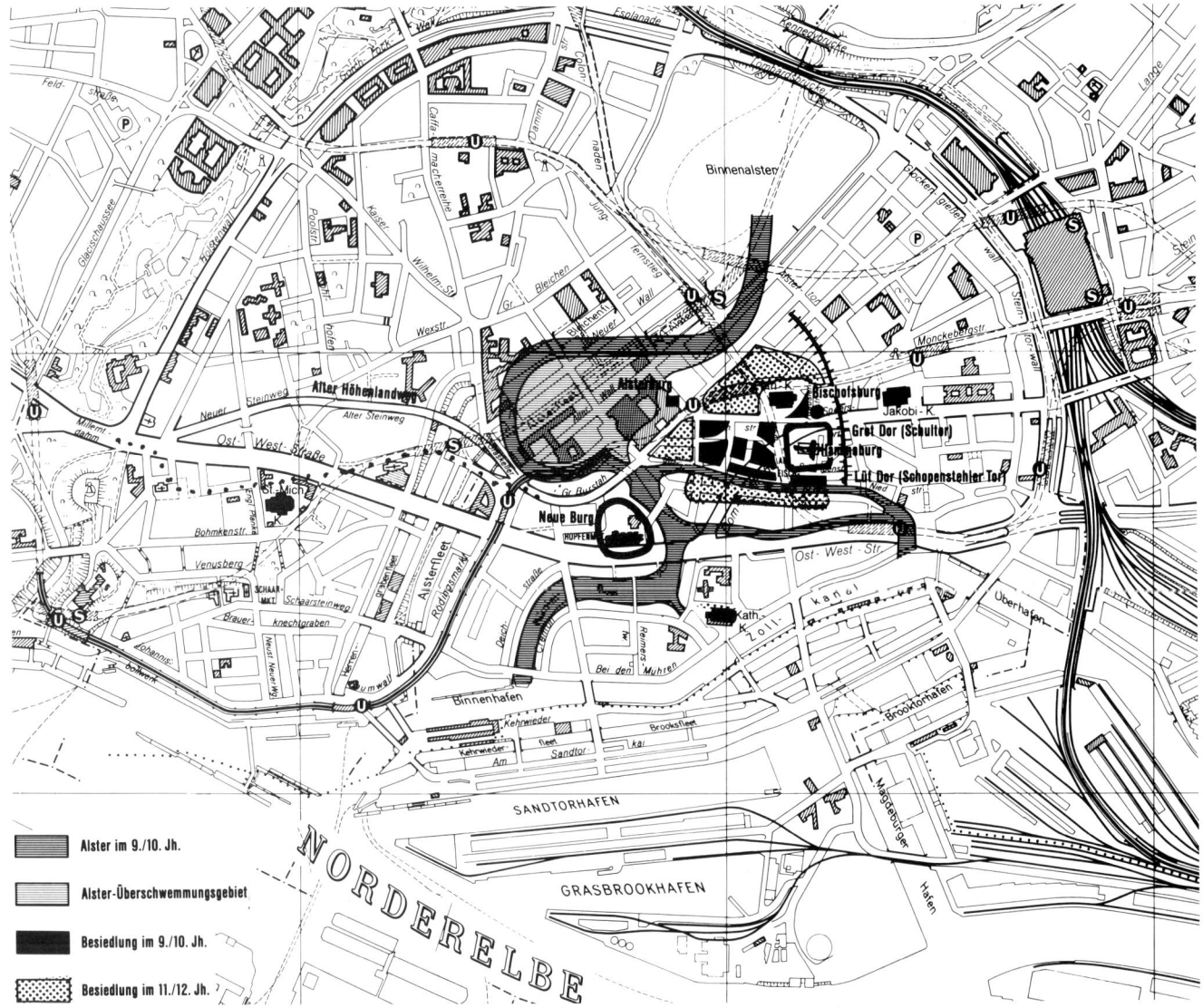

Alster im 9./10. Jh.

Alster-Überschwemmungsgebiet

Besiedlung im 9./10. Jh.

Besiedlung im 11./12. Jh.

3   Hamburg vom 9. bis 12. Jahrhundert – eingezeichnet im Plan der heutigen Hamburger Innenstadt.

Die Entstehung und Entwicklung der Stadt

Die Hammaburg – Keimzelle der Stadt

Anfang des 9. Jahrhunderts dehnte Kaiser Karl der Große das Frankenreich nach Osten bis an die Elbe aus. An der Kreuzungsstelle der Alster mit dem alten Höhen-Handelsweg entstand in den folgenden Jahren nördlich der Elbe auf einem höhergelegenen Geesthang eine Schutz- und Missionsstation, die Hammaburg. Sie war ein mit Graben und Palisaden versehener und im Durchmesser rd. 130 m großer ringförmiger Erdwall. Neueste Ausgrabungen (1979–1986) im Bereich der fränkischen Hammaburg (heutiger Domplatz) haben ergeben, daß bereits im 7., spätestens im 8. Jahrhundert hier eine kreisförmige Schutzburg von rund 55 m Durchmesser

– eine sächsische Burg – bestanden hat. Nahe der Hammaburg siedelten sich im 9. und 10. Jahrhundert Bauern, Fischer, Handwerker und Kaufleute an (Bild 3). So wurde die Hammaburg Keimzelle der heutigen Freien und Hansestadt Hamburg.

Der alte Höhenlandweg wurde im Laufe der weiteren Stadtentwicklung zur ersten Ost-West-Straßenverbindung in Hamburg. Heute noch zu erkennen im Zuge der Straßen Alter Steinweg – Großer Burstah, sowie östlich des ersten Überganges über die Alster (Mühlenbrücke im Burstah) die Straßenverzweigung Große Johannisstraße – Steinstraße in Richtung Nordost und Bäckerstraße –

Fischmarkt – Schoppenstehl in Richtung Ost. Mit dem Wachsen der Stadt, dem Aufblühen von Handel und Wandel reichte diese erste Ost-West-Straßenverbindung nicht mehr aus. Es wurden weitere Wege ausgebaut bis hin zu den großen Durchbruchstraßen des 19./20. Jahrhunderts wie Wexstraße, Kaiser-Wilhelm-Straße und Mönckebergstraße.

Erst von 1953 bis 1963 war es möglich, eine zügig durchgehende und auch dem heutigen Verkehr entsprechende Ost-West-Straße herzustellen. Diese neue Ost-West-Straße besitzt mit der abzweigenden Domstraße (Bild 3) in ihrem Trassenverlauf und in ihrer Bedeutung für das wirtschaftliche Leben in der Innenstadt einen ähnlichen Stellenwert wie der Höhenlandweg für die historische Stadt.

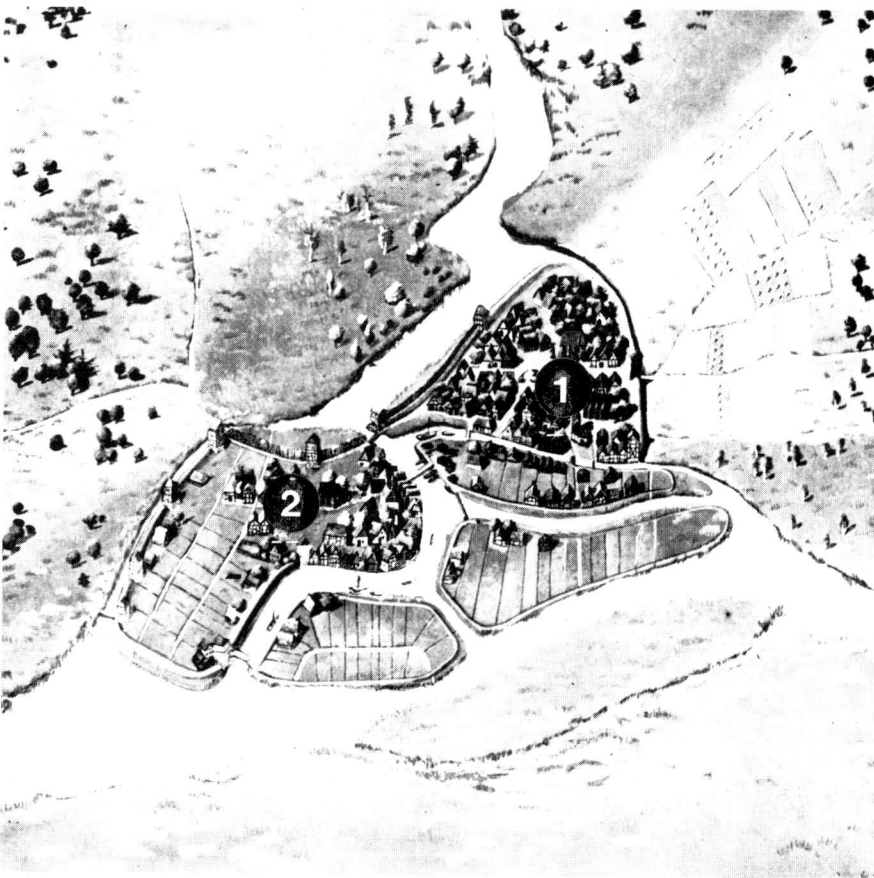

4   Erzbischof St. Ansgar (834 – 865) und
5   Graf Adolph III. von Schauenburg
(1164 – 1203) – Standbilder auf der Trostbrücke.

6   Hamburg um 1220; (1) die bischöfliche Altstadt, (2) die gräfliche Neustadt.

Die Entwicklung der fünf Kirchspiele innerhalb des Wallrings

Kaiser Ludwig der Fromme, Sohn Karls des Großen, setzte 834 den Benediktiner-Mönch Ansgar als Missionsbischof für den Norden mit Sitz in der Hammaburg ein. Ansgar wirkte bis 865.

Der als St. Ansgar später heiliggesprochene „Apostel des Nordens" (Bild 4) gilt als Gründer der bischöflichen Altstadt (Bild 6).

Im 9. und 10. Jahrhundert wurde Hamburg mehrmals überfallen, zerstört und wieder aufgebaut.

In der Mitte des 11. Jahrhunderts errichteten Sachsenherzöge eine Alsterburg am nordwestlichen Rand der Stadt.

Für die fernere Entwicklung Hamburgs war jedoch der Bau der Neuen Burg, ein Ringwall auf der Westseite des Alsterbogens (Bild 3) von größerer Bedeutung. Im 12. Jahrhundert ließen die Schauenburger Grafen das Gebiet um die Neue Burg eindeichen und besiedeln. So entstand die gräfliche Neustadt (Bild 6). Als Gründer dieser Neustadt ist Graf Adolph III. (Bild 5) zu nennen. Er ließ im Alsterbogen zwischen Altstadt und Neustadt den ersten Hafen anlegen. Adolph III. erwirkte 1189 von Kaiser Friedrich Barbarossa besondere Privilegien für diese neue Stadt. Der 7. Mai 1189 gilt als der Geburtstag des Hamburger Hafens und wird alljährlich – 1989 der 800. Hafengeburtstag – fest-

lich begangen. Graf Adolph III. stifte-
te in der Neustadt die erste Nikolaikirche auf dem neuen Markt, dem
heutigen Hopfenmarkt.

1248 erfolgte die Zusammenlegung
beider zunächst selbständiger Städte
zur gemeinsamen Stadt Hamburg. An
der Nahtstelle beider Stadtteile entstand neben der Trostbrücke das ge-
meinsame Rathaus, die Börse, das
Gericht und später die Bank. Bis zum
großen Hamburger Brand 1842, also
rd. 600 Jahre, war diese Stelle das
wirtschaftliche und politische Zentrum der Stadt.

Aus der bischöflichen Altstadt wurde
später das Kirchspiel (Stadtteil)
St. Petri und aus der gräflichen Neustadt das Kirchspiel St. Nikolai
(s. Bild 6). Durch die Aufschüttung
des Niederdamms (heute Graskeller-
Großer Burstah) und durch die Nie-
dermühle am ersten Alsterübergang
wurde um 1190 die Alster aufgestaut.
Etwa 40 Jahre später wurde mit dem
Oberdamm (heute Jungfernstieg) und
der Obermühle die Alster zum zwei-
tenmal aufgestaut. Die zunächst aus
zwei Kirchspielen bestehende Stadt
dehnte sich im 13. Jahrhundert nach
Osten und auch nach Süden – nach
Trockenlegung und Eindeichung von
Niederungsgebieten – aus. Es entstanden die Kirchspiele (Stadtteile) St. Jakobi und St. Katharinen.

In der Mitte des 16. Jahrhunderts erhielt die Stadt eine alle vier Kirchspiele umfassende Befestigungsanlage
(Bild 7).

Zu Beginn des 30jährigen Krieges
baute Hamburg von 1616 – 1626 eine
neue, stärkere, halbkreisförmige Befestigungsanlage mit 21 Bastionen.
Dieser Befestigungsring umfaßte auch
ein westlich vor der Stadt liegendes
und wenig besiedeltes Gebiet. Nach
der Besiedlung wurde es Ende des
17. Jahrhunderts das 5. Kirchspiel
St. Michaelis. Der neue Befestigungsring teilte die aufgestaute Alster in
Binnen- und Außenalster. (Bild 8.)

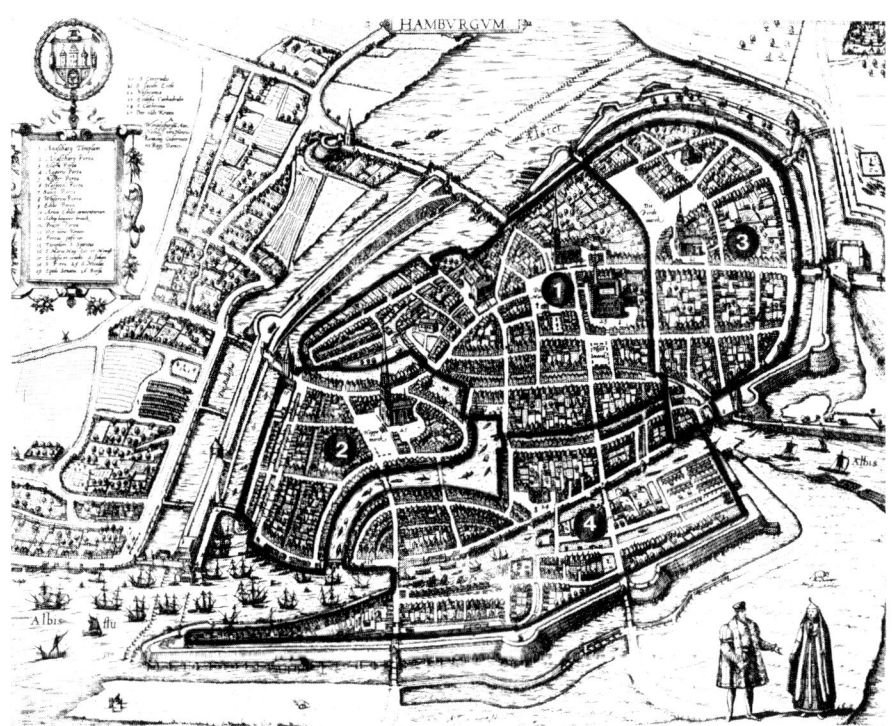

7   Hamburg um 1570 mit den Kirchspielen (Stadtteilen): (1) St. Petri, (2) St. Nikolai,
(3) St. Jakobi, (4) St. Katharinen.

8   Hamburg um 1810 mit dem halbkreisförmigen Befestigungsring. Kirchspiele (Stadtteil-
le): (1) St. Petri, (2) St. Nikolai, (3) St. Jakobi, (4) St. Katharinen, (5) St. Michaelis.

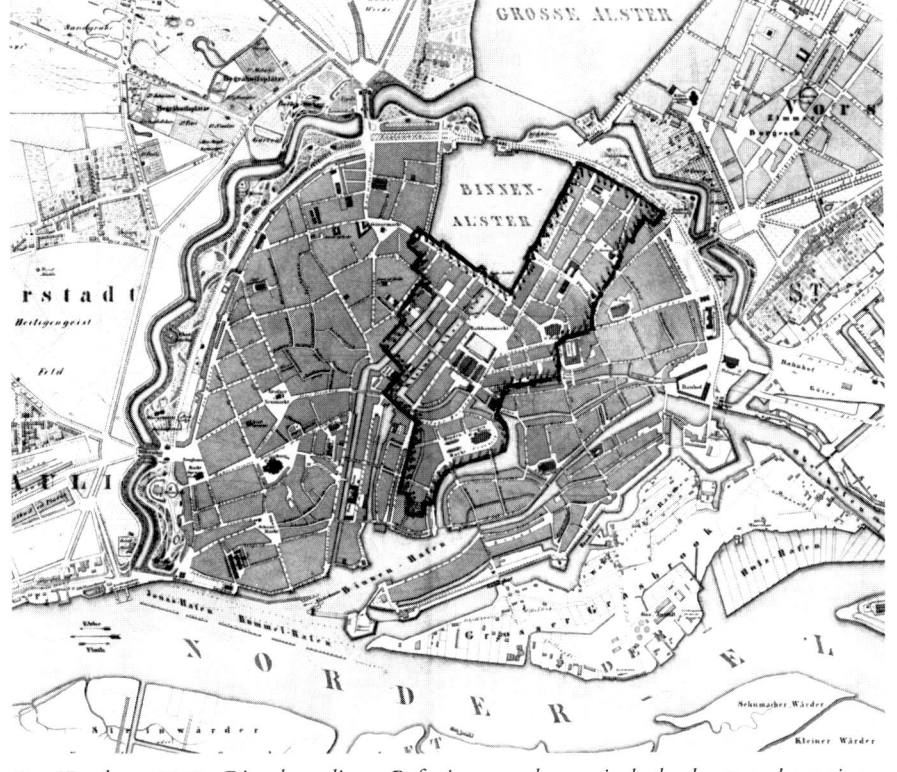

9 Hamburg 1845. Die ehemaligen Befestigungsanlagen sind abgebaut und zu einem Parkring umgestaltet worden. Im Bild eingezeichnet, das nach dem Hamburger Brand neu aufgebaute Stadtviertel.

10 Hamburg 1875 mit den Vorstädten, St. Pauli im Westen, St. Georg im Nordosten und dem Hammerbrookgebiet im Osten. Der Hafen erweiterte sich auf dem Südufer der Norderelbe und die Eisenbahn überbrückte im Osten den Elbstrom.

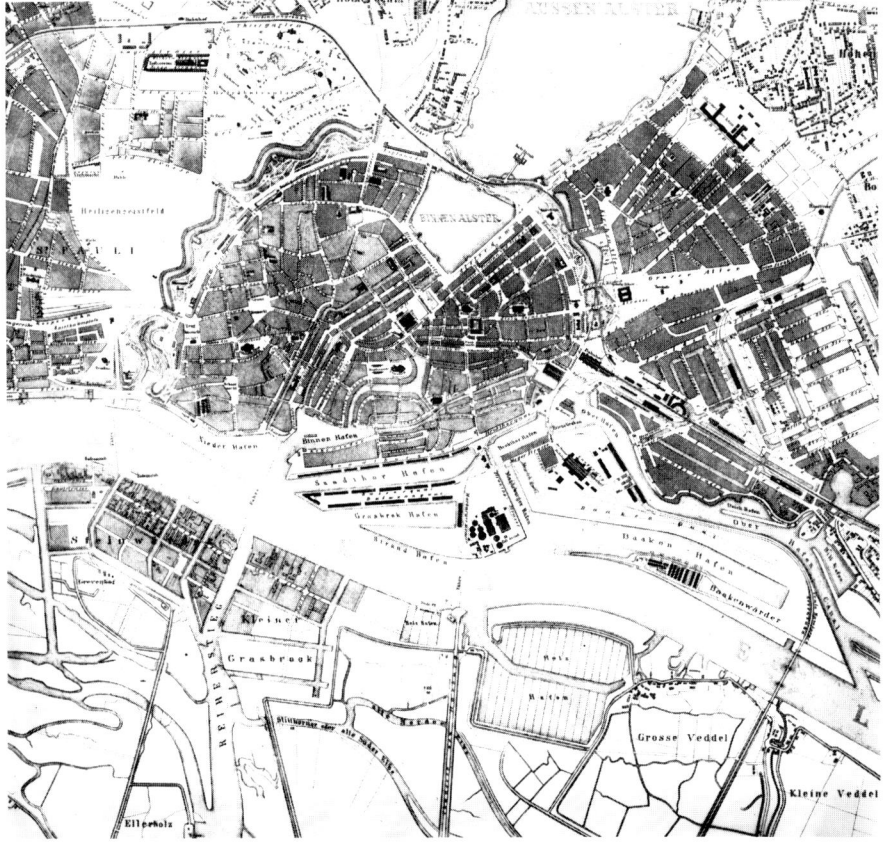

Nach der französischen Besatzungszeit (1806 – 1814) ordnete der Rat der Stadt 1819 den vollständigen Abbau der Befestigungsanlagen an. Die Stadt nannte sich von nun an „Freie und Hansestadt Hamburg". Von 1820 bis 1832 wurde der halbkreisförmige Befestigungsring zu einem Parkring unter Erhalt der alten Wallgräben umgestaltet. Vom 5. bis 8. Mai 1842 zerstörte der sogenannte „Große Hamburger Brand" rd. ein Viertel der Stadtfläche. Das zerstörte Stadtgebiet wurde in den folgenden Jahren neugeordnet wieder aufgebaut (Bild 9).

In der 2. Hälfte des 19. Jahrhunderts wuchs Hamburg im Westen über die Vorstadt St. Pauli bis an die Grenze der preußischen Stadt Altona heran. Beiderseits der Außenalster dehnte sich der städtische Siedlungsraum nach Norden aus. Über die Vorstadt St. Georg und Hohenfelde hinaus berührte Hamburg die Grenze der preußischen Stadt Wandsbek. Im Osten wurde ab 1850 das Niederungsgebiet von Hammerbrook mit Kanälen und Schleusen trockengelegt, durch Straßen sowie zahlreiche Brücken erschlossen und als Wohn- und Gewerbegebiet bebaut. Über Hammerbrook hinaus wuchs die städtische Bebauung in die Gebiete Borgfelde, Hamm und Billstedt weiter nach Osten.

Der Hamburger Hafen war auf dem Nordufer der Elbe nicht mehr ausreichend für den stark angestiegenen Schiffsverkehr. Neue Hafenanlagen entstanden auf dem Südufer der Norderelbe. 1872 gelang es der Eisenbahn erstmalig, die Norder- und Süderelbe mit langen, neuartigen eisernen Konstruktionen zu überbrücken. Wenige Jahre später trugen ebenfalls eiserne Brücken auch den Straßenverkehr über die Elbströme hinweg von und nach Süden. Hamburg und die preußische Stadt Harburg erhielten damit feste Wegeverbindungen (s. S. 178/179).

Groß-Hamburg-Gesetz

Durch das Groß-Hamburg-Gesetz 1937 wurden die ehemals preußischen Städte Altona, Wandsbek, Harburg sowie einige kleinere Gemeinden mit den Alt-Hamburger Gebieten zu dem Gesamtwirtschaftsraum Groß-Hamburg zusammengeschlossen (Bild 11). Hamburg erhielt damit seine heutige flächenmäßige Ausdehnung (Bild 13).

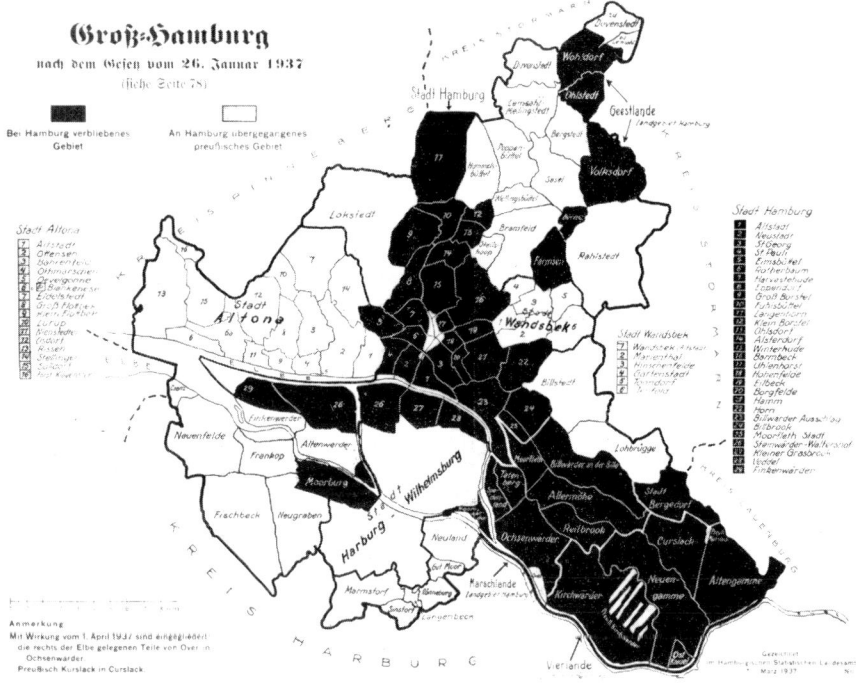

11   Groß-Hamburg nach dem Gesetz vom 26. Januar 1937.

Zerstörung und Wiederaufbau

In den Kriegsjahren 1939/45, insbesondere 1943/44, sind der Hamburger Bevölkerung schwere Leiden und der Stadt schwere Schäden zugefügt worden. In über 200 Luftangriffen fielen rd. 45 000 t Spreng- und Brandbomben auf die Stadt- und Hafengebiete. Etwa 55 000 Bombenopfer hatte Hamburg zu beklagen. Von den 1939 vorhandenen 563 533 Wohnungen wurden rd. 50 % total vernichtet und weitere 20 % mehr oder weniger stark beschädigt. Von den Hafenanlagen wurden rd. 90 % aller Kaischuppen, rd. 80 % der Kräne, rd. 70 % der Speicher usw. zerstört. Etwa 2300 Schiffe und sonstige Wasserfahrzeuge wurden im Hafen durch Bomben versenkt.

Die Verkehrsanlagen (Eisenbahn, S- und U-Bahnen, Straßen, Brücken, Kraftfahrzeuge, Busse und Straßenbahnen) wie die öffentlichen Versorgungsanlagen (Wasser, Gas, Strom) erlitten erhebliche Schäden.

Die wichtigsten Aufgaben nach Kriegsende waren die Versorgung der in Hamburg lebenden Menschen so-

12   Die im Krieg 1939/45, insbesondere 1943/44, schwer und sehr schwer zerstörten Stadt- und Hafengebiete.

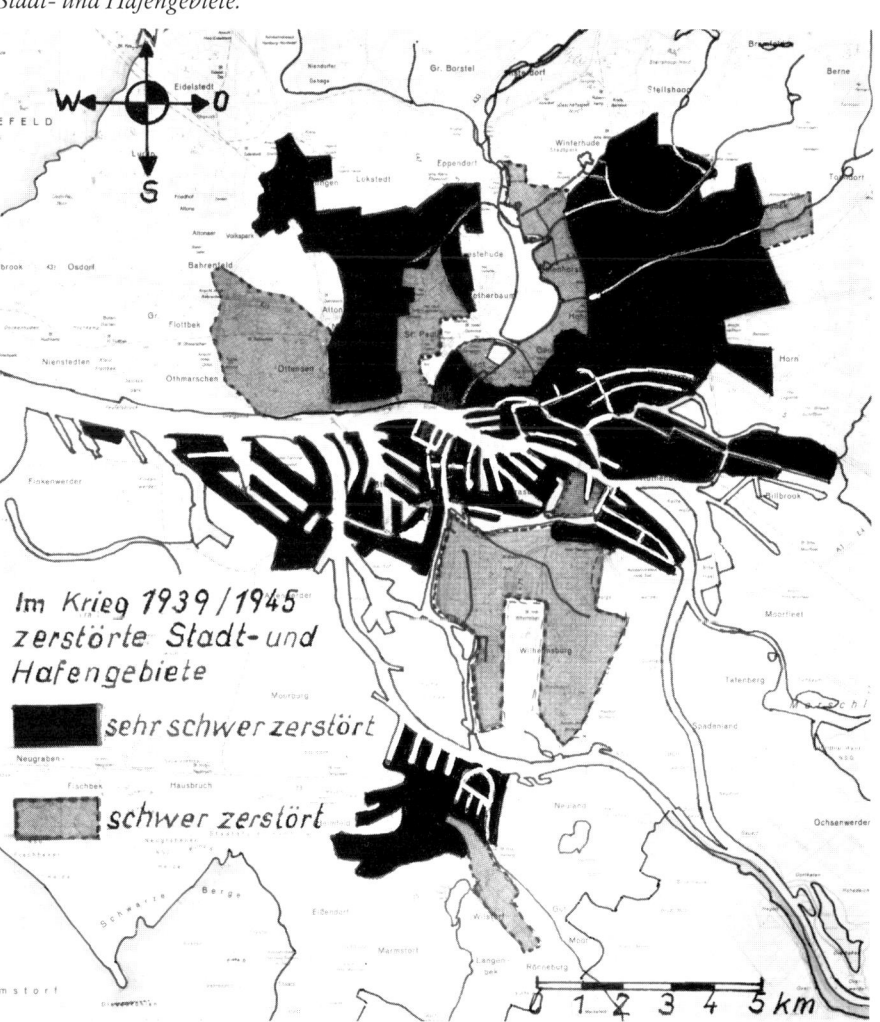

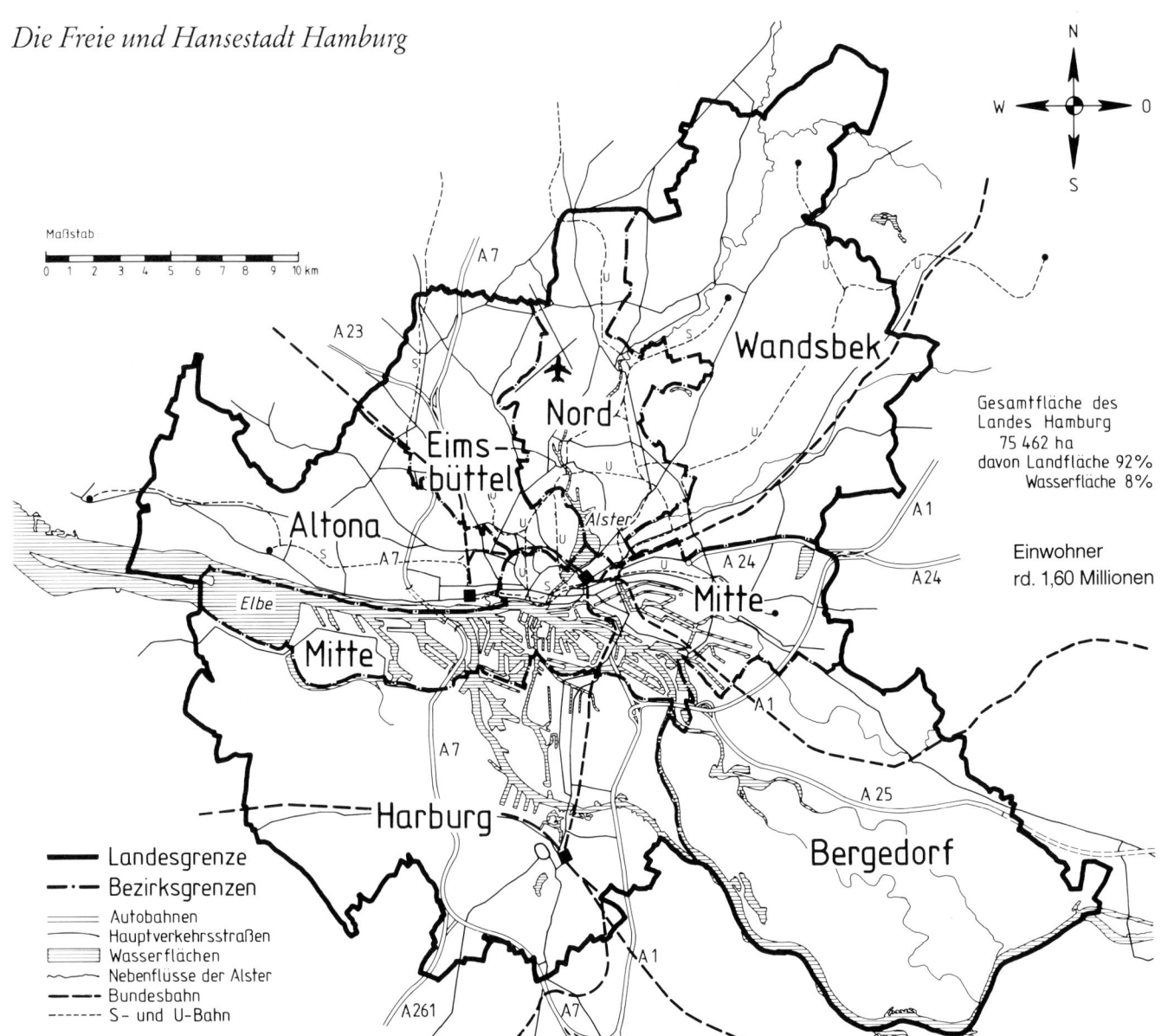

wie die Räumung der rd. 43 Millionen m³ Trümmermassen. Die Trümmerbeseitigung konnte Ende 1952 abgeschlossen werden. Die in den Nachkriegsjahren sich in großer Not befindliche Bevölkerung brauchte schnell neue Wohnungen und mußte mit lebenswichtigen Gütern aller Art versorgt werden. Krankenhäuser, Schulen, Versorgungseinrichtungen für Wasser, Gas, Strom usw. mußten instandgesetzt bzw. neu gebaut und die verschiedenen Verkehrswege wieder funktionsfähig gemacht werden.

Der Wiederaufbau war eine große Gemeinschaftsleistung aller Bürger dieser Stadt.

13   *Die Freie und Hansestadt Hamburg ist ein Land der Bundesrepublik Deutschland. Hamburg ist Stadt und Staat zugleich. Das von den Bürgern alle 4 Jahre gewählte Parlament ist die Bürgerschaft; sie beschließt die Landesgesetze und verabschiedet den Haushaltsplan. Die Bürgerschaft wählt die Landesregierung, den Senat. Dieses Senatskollegium kann aus 10 – 15 Senatoren bestehen. Die Senatoren wählen aus ihrer Mitte den Ersten Bürgermeister und seinen Stellvertreter. Der Senat bestimmt die Richtlinien der Politik, führt und beaufsichtigt die Verwaltung. Zum Senat gehören einige Senatsämter sowie das Hamburgische Verwaltungsgericht, der Rechnungshof und der Datenschutzbeauftragte. Verwaltungsaufgaben, die der Senat nicht selbst durchführt, werden Fachbehörden und Bezirksämtern übertragen.*

Zu den Fachbehörden gehören: Die Behörde für Inneres, Behörde für Wirtschaft, Verkehr und Landwirtschaft, Baubehörde, Behörde für Arbeit, Jugend und Soziales, Behörde für Schule und Berufsbildung, Behörde für Wissenschaft und Forschung, Finanzbehörde, Gesundheitsbehörde, Justizbehörde, Kulturbehörde und die Umweltbehörde. Die Fachbehörden entsprechen etwa den obersten Landesbehörden, den Ministerien anderer Bundesländer. Das Gebiet der Freien und Hansestadt Hamburg ist in 7 Bezirke eingeteilt. Jeder Bezirk wird durch ein Bezirksamt verwaltet. Die Bezirke übernehmen Verwaltungsaufgaben, die örtlich ausgeführt werden können. Jeder Bezirk hat sein gewähltes Parlament, die Bezirksversammlung. Die Bezirksämter werden von einem Bezirksamtsleiter geleitet; er hat mehrere Fachabteilungen für die Erledigung der bezirklichen Aufgaben.

Hamburg hat rd. 1,6 Millionen Einwohner.

14 Hamburg aus der Vogelperspektive. Das Luftbild vom heutigen Hamburg zeigt u. a.

(1) Norderelbe
(2) St. Pauli – Landungsbrücken
(3) Alter Elbtunnel
(4) Norderelbbrücken; Fernbahn, S-Bahn und Straße
(5) Köhlbrand

(6) Hauptklärwerk Köhlbrandhöft
(7) Hafenanlagen; Hafenbecken, Kaianlagen, Schuppen, Werften und Docks
(8) ältere Häfen nördlich der Elbe
(9) Innenstadt mit Wallring
(10) Binnen- und Außenalster mit Lombards- und Kennedybrücke
(11) Hauptbahnhof
(12) Bahnhof Altona
(13) St. Pauli

(14) Universitätsgebiet
(15) Flughafen Fuhlsbüttel
(16) Stadtpark
(17) Hauptfriedhof Ohlsdorf
(18) Wandsbek Markt
(19) Hammerbrook mit dem Obst-, Gemüse- und Blumengroßmarkt
(20) Autobahn-Elbtunnel (A 7)
(21) Autobahn Hamburg – Hannover/Bremen (A 255 und A 1)

Das 19. und 20. Jahrhundert im Bildvergleich

Mit den nachfolgenden Bildvergleichen werden Ereignisse, öffentliche Einrichtungen, bauliche Anlagen u. ä. aufgezeigt, die für die Entwicklung Hamburgs im 19. und 20. Jahrhundert von Bedeutung waren:

15 1813 – 1817, die hölzerne „Franzosenbrücke" im Elbe-Niederungsgebiet. Zur Überwindung der Elbe dienten Fähren.

16 Weitgespannte stählerne Brücken führen heute Eisenbahn und Straße über die Norder- und Süderelbe.

17 1825 durchbrachen schwere Sturmfluten die Deiche und überfluteten weite hamburgische Gebiete.

18 Die schwere Sturmflut von 1962 forderte 303 Menschenleben. Neue Hochwasser-Schutzanlagen wurden erforderlich.

19 1842 vernichtete der große Hamburger Brand rund ein Viertel der Stadt.

20 Im Krieg 1939/45 wurden rd. 70 % der Stadt zerstört. 55 000 Menschen starben durch Bomben und im Feuersturm.

21 1880. Das Brookgebiet, Wohn-, Kaufmanns- und Gewerbegebiet im Süden der Stadt – kurz vor dem Abbruch (1883).

22 Im Brookgebiet entstand von 1883 – 1888 die neue Speicherstadt im Freihafen.

23 1887, ein „Wald" von Masten der Segelschiffe prägte das Bild des Niederhafens.

24 Der Niederhafen am Baumwall heute. An der Überseebrücke machen Schiffe aus allen Ländern der Welt fest.

25 1900. Warenumschlag am Kai mit Hilfe von Dampfkränen.

26 Schneller Umschlag von Gütern aus aller Welt mit Hilfe moderner Verladeeinrichtungen heute.

27 1842 bis 1903, der Berliner Bahnhof am Deichtorplatz (1842 nach Bergedorf, 1846 nach Berlin).

28 Der Hauptbahnhof mit seiner weitgespannten stählernen Halle wurde 1906 in Betrieb genommen.

29 1842. Unter der in Holzbauweise konstruierten Halle des Berliner Bahnhofs der Zug „Hansa".

30 Heute ziehen moderne und kraftvolle Elektro-Loks die schnellen Inter-City- und Güterzüge.

31 1880 ging es noch im Zuckeltrab der Pferde-Omnibusse von Hamburg nach Rothenburgsort.

32 Moderne und bequeme Stadtbusse befördern heute die Bürger in alle Stadtgebiete.

16

Die der Fluß-Dampfschifffahrts-Compagnie in Hamburg gehörigen beiden schnellfahrenden, an Form und Grösse einander gleichen, prachtvollen Dampfschiffe **Leipzig & Hamburg**, mit Niederdruck-Maschinen von 60 Pferdekraft, enthalten jedes einen schön geschmückten Salon (worin Fortepiana und andere Musik-Instrumente, Noten-Sammlung, kleine Bibliothek, Zeitungen und Spiele), reich decorirte Privat-Cabinette, diverse Cajüten, so wie abgesonderte Schlafgemächer **mit einer großen Anzahl guter Betten** und alle nur mögliche Bequemlichkeiten für Passagiere.

Im Jahre **1839** gehen diese Dampfschiffe jeden **Dienstag** und **Sonnabend** früh Morgens von **Hamburg** nach **Magdeburg**, mit Reisenden und Gütern regelmäßig; jeden **Mittwoch** und **Sonnabend** früh Morgens von **Magdeburg** nach **Hamburg**, **wobei auch Personen nach wie vor an allen unterweges belegenen Elbstädten mit befördert werden.**

Preise der Plätze für die ganze Tour sind à Person: zur 1ten Cajüte 10 Thlr.; zur 2ten Cajüte 8 Thlr. Preuss. Courant; für die Hin- und Rückreise zusammen resp. nur 15 und 12 Thlr.; Kinder unter 10 Jahren zahlen die Hälfte dieser Ansätze, und Familien von 3 à 4 Personen wird auch für die **einzelne** Tour ein Viertel Rabatt an den vollen Preisen bewilligt. Für anständige und billige Verwirthung an Bord ist gesorgt.

33   1839, die Dampfer „Hamburg" und „Leipzig" verkehrten auf der Oberelbe zwischen Hamburg und Magdeburg.

34   Die weißen Schiffe der HADAG fahren im Hafengebiet und auf der Unterelbe bis nach Cuxhaven – Helgoland.

35   Ab 1912, die Hamburger Hochbahn auf dem eisernen Viadukt zwischen Baumwall und den St.-Pauli-Landungsbrücken.

36   Die hochliegende S-Bahn-Strecke in Hammerbrook auf einem Spannbeton-Viadukt (S-Bahn Hamburg – Harburg ab 1984).

37   Ab 1912, die Hamburger Hochbahn auch im Tunnel. Die Haltestelle Barkhof unter der Mönckebergstraße.

38   Das U-Bahn-Netz hat heute eine Länge von rund 95 km; teils ober- und unterirdisch, teils auf eisernen Viadukten.

39 1900. Der Zentral-Gemüsemarkt auf dem Hopfenmarkt; kurze Zeit später wurde er zum Deichtor verlegt.

40 Der Obst- und Gemüsemarkt zog 1963 in die Großmarkthalle Hammerbrook, 1984 auch der Blumengroßmarkt.

41 1905. Die Spitaler Straße kurz vor der Sanierung des Stadtteils und Wiederaufbau als Geschäftsstraße.

42 Die Spitaler Straße, links, heute Fußgängerzone; rechts die Mönckebergstraße (erbaut 1909–1914).

43 1906. Der Große Burstah war schon damals ein Engpaß im innerstädtischen Ost-West-Verkehr.

44 Für den heutigen starken motorisierten Straßenverkehr mußten entsprechende Straßen gebaut werden.

45 1911. Der 450 m lange alte Elbtunnel. Zwei Tunnelröhren (Fahrbahn je 1,82 m, Fußwege je 1,25 m).

46 Der rd. 3 km lange Autobahn-Elbtunnel (1975), drei Tunnelröhren mit den je 7,00 m breiten, zweispurigen Fahrbahnen.

47 1939. Eine der typischen Landstraßen jener Zeit, hier im östlichen Stadtgebiet.

48 Das leistungsfähige Autobahnkreuz Hamburg – Lübeck / Berlin im Osten Hamburgs.

49 1926. Auf dem Flughafen Hamburg-Fuhlsbüttel, die Halle für die Flugzeuge der Deutschen Lufthansa.

50 Moderne, schnelle und sichere Flugzeuge verbinden Hamburg mit den Flughäfen der Welt.

51 Eine um die Jahrhundertwende errichtete Industrieanlage in Harburg-Wilhelmsburg, aufgen. 1939.

52 Eine heutige Industrieanlage, hier der Ölindustrie in Harburg-Wilhelmsburg.

53　Die 1877 gegründete Werft von Blohm und Voß auf Steinwerder um 1910. Auf den großen Hellinganlagen entstanden die größten deutschen Schiffe wie z. B. die „Europa", „Cap Arcona" usw.

54　Die großen Hellinganlagen wurden im Krieg zerstört, der Rest nach dem Krieg demontiert. Mobile und moderne Kräne leisten heute den schnellen und präzisen Transport von großen Schiffsbauteilen von den Werkhallen bis zur Einbaustelle.

Wohnen in Hamburg im 19. und 20. Jahrhundert

Jahrhunderte alt ist in Hamburg die Tradition des ausgesprochen städtischen Wohnens. Bis in die heutige Zeit hat sich eine Gruppe von mittelalterlich geprägten Häusern aus dem 17. und 18. Jahrhundert in der Deichstraße erhalten. Gelegen an einem der vielen Mündungsarme der Alster in die Elbe, dem Nicolaifleet, zeigen diese Häuser eine in Hamburg bis ins letzte Jahrhundert typische Wohnform: Kontor, Lager und Wohnräume unter einem Dach. Eine Fassade des Hauses direkt am Wasser zum Be- und Entladen der dort anlegenden Schiffe, die andere Seite zur Straße, wo Pferdewagen und Sackkarren die Waren weitertrugen (55).

Hier in der Deichstraße begann der Große Brand. „Füer in de Diekstraat" war der Ruf, der am Morgen des 5. Mai 1842 allenthalben die Bürger hochschreckte. Nach drei Tagen lagen weite Flächen der Stadt in Schutt und Asche.

Schon bald begann jedoch der Wiederaufbau. Die feueranfälligen Fachwerkhäuser mit ihren dunklen Ziegelausfachungen in engen Straßen wurden nicht wiederaufgebaut. Breitere Straßen, helle Putzbauten in spätklassizistischen Formen prägten das Bild der Stadt jener Jahre. Reste dieser sog. Nachbrandarchitektur finden wir noch in St. Georg am Holzdamm (56), auch in der Deichstraße sowie einzelne Häuser in der Ferdinandstraße und am Georgsplatz. In den vom Brand verschonten Gebieten fanden sich z. T. noch bis in den 2. Weltkrieg jene kleinen Miethäuser mit eigenen Eingangstüren für jede Wohnung in jedem Geschoß – sog. Salwohnungen (dänisch: Sal = Geschoß) (57). So wohnte die Masse der Arbeiter der Großstadt des frühen 19. Jahrhunderts.

55 „Außendeichhäuser" zwischen Fleet und Straße, die letzte erhaltene Gruppe der für Hamburg lange typischen Hausform in der Deichstraße.

56 Diese Häuser am Holzdamm mit ihren hellen Fassaden repräsentieren den spätklassizistischen Stil der Jahre nach dem Großen Brand.

57 Bohnsplatz mit kleinen Miethäusern, sog. „Buden" und Salwohnungen. Aufnahme aus dem Jahre 1887.

Die Gründerzeit

Diese Zeit kann wohl mit Recht als bedeutendster Abschnitt für die Entwicklung der Stadt bezeichnet werden. Handel und Schiffahrt wuchsen sprunghaft, die Werften, Hamburgs Industrie und Gewerbe florierten. Die Einwohnerschaft stieg von 1866 mit 250 000 Einwohnern, 1875 mit 346 000 Einwohnern auf 540 000 Einwohner im Jahre 1889, dazu Altona mit 120 000, Wandsbek mit 17 000 Einwohnern. In der Statistik jener Jahre wird gleich dreimal das Stichwort „Wohnungsmangel" angeführt, nämlich 1867, 1870 und 1873, erst in den Jahren 1877 – 1883 gibt es einen gewissen Wohnungsüberfluß. Durchschnittlich wurden in den Mangeljahren 413 Einwohner je 100 „Gelasse" gezählt (Wohnungen, jedoch auch gewerbliche Einheiten).
1860 fiel die Torsperre, wer das Geld und die Transportmittel hatte – Bahnen und Busse gab es erst viel später –, zog in die Vororte. 1882 wurde durch den Zollanschluß eine der größten Umstrukturierungen ausgelöst. Für den Bau der Speicherstadt mußten damals 24 000 Einwohner umgesiedelt werden, größtenteils nach Hammerbrook und Barmbek. Die Weltgeltung der Stadt, aber auch das Nebeneinander von Arm und Reich, spiegelt sich in den Wohnhäusern jener Zeit. Die Prachtvillen der Vororte (60 u. 61) konkurrieren durchaus mit den Fassaden der Miethäuser – jenes Haus auf der Fleetinsel wurde abschätzig / hochachtend „Arbeiterschloß" (58) genannt. Das Elend jener Zeit jedoch ist in den übervölkerten, engen, mit Wasserhahn und 3 – 4 Klosetts auf dem Hof ausgestatteten Terrassen (vgl. engl.: terrace-houses = Reihenhäuser) zu finden (59). Weite Flächen der Stadt waren so bebaut.

58   Ein sog. „Arbeiterschloß" mit aufwendiger Stuckfassade und Türmen, jedoch kleinen, schlecht ausgestatteten Wohnungen.

59   Diese „Terrassen" oder „Gänge" hatten in der Regel nur einen Wasserhahn und wenige Klosetts in Holzbuden auf dem Hof.

60   Villa in Winterhude, einem in jener Zeit völlig neu angelegten Stadtteil auf den Alsterwiesen.

61   Villa in Rahlstedt, nach dem Bau der Lübecker Eisenbahn Wohnplatz für viele Hamburger.

62   Die Brüderstraße wurde zusammen mit der Wexstraße als „Sanierungsaktion" von den Gebrüdern Wex erbaut.

Der Jugendstil – Reformstil

Der Jugendstil und sog. Reformstil sind beide von den Bemühungen um Reformen geprägt. Während jedoch der Jugendstil mehr von einer künstlerisch/intellektuellen Reform ausging – weg vom Eklektizismus, hin zu „natürlichen" Formen –, hatte der „Reformstil" tiefere Wurzeln. Er war getragen von der Idee, daß das Produkt „Wohnen" dem Markt entzogen werden sollte; durch den Zusammenschluß Vieler sollten neue Wohnungen von menschlichem Zuschnitt entstehen. Es war die Geburtsstunde der Genossenschaften.

Reinen Jugendstil gibt es nur selten in Hamburg, dann auch meist nur im Innern, z. B. in sehr schön ausgestalteten Treppenhäusern.

Bild 63 zeigt eine Gruppe von Häusern in der Isestraße mit, wie man damals sagte, „hochherrschaftlichem" Anspruch. Wohnungen mit 6 – 7 Zimmern, Fahrstuhl und Zentralheizung zeugen von hohem Wohnkomfort.

Die Wohnungen der Genossenschaften waren von weit geringerem Komfortanspruch, jedoch von sicher genauso hohem architektonischem Niveau. Die Schiffszimmerergenossenschaft in der Neustadt unterhalb des Michels (64) handelte aus dieser Verantwortung heraus genauso wie der Altonaer Spar- und Bauverein am Leverkusenstieg in Bahrenfeld (65).

Die Stilwahl ist dabei durchaus Programm, wenngleich auch Bauten des Bürgertums damals in diesen Formen gebaut wurden.

Die Villen des Großbürgertums konnten sich diesen neuen Strömungen nicht verschließen, blieben aber weitgehend konservativ geprägt (66).

63   „Hochherrschaftliche" Wohnhäuser in der Isestraße.

64   Wohnungen, Martin-Luther-Straße.   65   Altona, Leverkusenstieg.   66   Villa in Othmarschen.

24

Die Zwanziger Jahre

In diesen Jahren arbeiteten die besten Architekten in ganz Deutschland an den Aufgaben des Wohnungsbaus. Wenn auch wirtschaftliche Grenzen oftmals zu kleinen Wohnungsgrundrissen führten, war die städtebauliche Zuordnung der Häuserblocks und Hauszeilen derart, daß jede Wohnung ausreichend besonnt und belüftet war. Hamburgs Oberbaudirektor Fritz Schumacher und in Altona Gustav Oelsner schufen die Grundlagen für die modernen Siedlungen, die den alten Stadtkern wie ein Kranz umgeben.

Die Laubenganghäuser am Dulsberg (68) mit einem nach Süden gerichteten Gemeinschaftsbalkon und die Häuser der Jarrestadt (69) zeugen vom hohen architektonischen Anspruch des Wohnungsbaus jener Jahre. Auch die etwas konservativ anmutenden Höfe in Dulsberg (70) sind im Detail mit großer Sorgfalt gestaltet.

Das Bürgertum bekannte sich nur zögernd und vereinzelt zu den neuen Bauformen (71). Der weitaus größere Teil bewohnte Häuser in einem aus dem Reformstil der ersten Dekade des Jahrhunderts entwickelten Heimatstil. Der sollte dann prägend für das Bauen der dreißiger Jahre werden.

Das Großbürgertum im allgemeinen hielt nichts von diesem Stil. Bis auf wenige Ausnahmen sind ihre Villen in stärker traditionell orientierten, zurückhaltenderen Formen gehalten.

Baustoff war in fast allen Fällen der Backstein, und zwar ein sehr stark gebrannter, in Teilen gesinterter Ziegel aus dem norddeutschen Raum. Das macht die Hamburger Bauten dieser Zeit so eigenständig.

67   Luftbild Siedlung Dulsberg mit Schule Krausestraße.

68   Dulsberg, Franksche Wohnhäuser.

69   Jarrestadt, Jean-Paul-Weg.   70   Dulsberg, Höfe Weißenburger Straße.   71   Ottensen, Hohenzollernring.

Die Dreißiger Jahre

Natürlich war es Ideologie, wenn plötzlich statt der flachen Dächer Steildächer gebaut wurden. Natürlich war es der politische Druck, der zu beschaulichem, bodenständigem, sogenanntem „anständigem" Bauen führte, aber sicher auch eine Abwendung von den als trist und seelenlos empfundenen „Kästen", eine Abwendung auch von den damals noch nicht in allen Punkten durchdachten Flachdachkonstruktionen, von den Wandkonstruktionen mit den wasserundurchlässigen und damit nicht atmungsfähigen Hartbrandklinkern. Es war ein Durchbruch der im vorigen Kapitel als Parallelströmung zu Bauhaus und Funktionalismus dargestellten Heimatstilbewegung.

Die 1935 durchgeführte Sanierung des Gängeviertels in der Neustadt hat heute noch ihren Reiz. Die städtebauliche Lösung ist nicht mehr ausschließlich an dem Bedürfnis nach Licht und Luft orientiert, sondern Platzräume und, wie in Bild 72/73 dargestellt, großartige Treppenanlagen betonen den Anspruch des öffentlichen Raumes.

Auch das kleine Detail, z. T. auch Dekor oder künstlerischer Schmuck lösen die manchmal spartanisch anmutenden flächigen Fassaden der Zwanziger Jahre ab. Kasernenartiger muten die für Unteroffiziere und Offiziere des Luftgaues Nord angelegten Siedlungen Tietzestraße und Friedensweg in Groß-Flottbek an (74).

Sehr viel heimeliger und weniger Gesetz und Ordnung verschrieben ist die kleine Siedlung am Lottbeker Platz in Volksdorf (75). Der norddeutsche Backstein – übrigens nicht so stark gebrannt wie noch vor ein paar Jahren – konkurriert hier mit dem Motiv Fensterladen aus dem süddeutschen Raum.

72 Sanierungsgebiet Neustadt, Treppe am Rademachergang.

73 Sanierungsgebiet Neustadt, Rademachergang.

74 „Luftgau"-Siedlung Friedensweg in Groß-Flottbek.

75 Siedlung Lottbeker Platz: Reihenhausidylle.

Die heutige Zeit

Viele haben schon vergessen, wie es nach der Katastrophe der Jahre 1939 – 1945 begann. Behelfsbauten, wie die sogenannten Nissenhütten, hier in Hamm auf einem Schulhof (76), gab es in vielen Teilen der Stadt.

Aber bald begann der Wiederaufbau in großem Stil. Durchschnittlich 15 000 Wohnungen, in den Jahren 1950/51 fast 26 000 Wohnungen, wurden in jedem Jahr wiederaufgebaut. Bei der Masse ist es kaum verwunderlich, daß die Bauten sich kaum von denen der Zwanziger und Dreißiger Jahre unterscheiden, waren es doch dieselben Architekten, dieselben Partner in den Wohnungsbaugesellschaften.

Etwas Besonderes in ihrer Gestaltung war jedoch damals die Gartenstadt Hohnerkamp (77), eine großzügig mit Grün ausgestattete Siedlung in für damalige Verhältnisse kräftigen Farben, Reihenhauszeilen und Geschoßwohnungsbau in noch überschaubarem Rahmen. Die Menge der erforderlichen Wohnungen – rd. 300 000 Wohnungen waren im Kriege zerstört worden – sprengte aber schließlich diesen Rahmen. Namen wie Osdorfer Born und Steilshoop (78) stehen heute für Mammutsiedlungen der Sechziger und Siebziger Jahre.

Erst das Abklingen dieses Wohnungsbaubooms, aber auch Bürgerproteste und Verwaltungsgerichtsprozesse brachten die Besinnung.

Die Aufgaben heute – Baulückenschließung oder auch der Bau kleinerer Einheiten in gewachsenen Gebieten – erfordern ein hohes Maß an Einfühlungsvermögen vom Architekten. Gestaltung der Fassaden und Außenraumqualitäten gewinnen stärkere Bedeutung (79).

76   Sog. Nissenhütten wie hier Ecke Burgstraße/Bethesdastraße gab es auf beinahe jeder freien Fläche in der Stadt.

77   Die Gartenstadt Hohnerkamp wurde Vorbild für ähnlich großzügig mit Grün ausgestattete Siedlungen dieser Zeit.

79   Besinnung auf Formen der Vergangenheit, Einbindung in die Umgebung und sorgfältig durchgearbeitetes Detail zeigt die Wohnanlage Alsterdorfer Straße.

78   Steilshoop steht heute symbolisch für Mammutsiedlungen trotz zweifellos guter Ausstattung und Größe, Besonnung und Schnitt der Wohnungen.

80 Das Gebiet des Bezirksamtes Hamburg-Mitte.

81 Der Rathausmarkt 1929.

Bezirk Hamburg-Mitte

mit den Stadtteilen: Hamburg-Alt-stadt, Hamburg-Neustadt, St. Pauli, St. Georg, Klostertor, Hammer-brook, Borgfelde, Hamm Nord, Hamm Mitte, Hamm Süd, Horn, Billstedt, Billbrook, Rothenburgsort, Veddel, Kleiner Grasbrook, Steinwer-der, Waltershof, Finkenwerder und die Hamburg-Insel Neuwerk.
Fläche: 10 646 ha
Einwohner: 217 390

Der Rathausmarkt – Mittelpunkt der Stadt

Nach dem Hamburger Brand von 1842 schuf der Architekt Alexis de Chateauneuf den Plan für den Rat-hausmarkt mit einem L-förmigen Grundriß. Dieser Plan umfaßte den eigentlichen Platz vor dem noch zu bauenden Rathaus, das Becken der Kleinen Alster und die Alsterarkaden. Die Herstellung des eigentlichen Plat-zes, der vorher etwa zur Hälfte Was-serfläche gewesen war, die Ufermauer und die viertelkreisförmige Wasser-treppe, entworfen von dem Ingenieur Johann Hermann Maack, sowie die von Chateauneuf entworfenen Alster-arkaden an der Kleinen Alster wurden bereits 1844 bis 1846 ausgeführt. Das Rathaus, ein gemeinschaftlicher Ent-wurf von neun Architekten unter Lei-tung von Martin Haller, wurde von 1886 bis 1897 in einer Stilmischung italienischer und deutscher Renais-sance errichtet. 1898 wurde das Kai-ser-Wilhelm-Denkmal auf den Platz gesetzt (Bild 81). 1930/31 wurde das Denkmal wieder vom Platz entfernt. Der Rathausmarkt wurde nun aus verkehrlichen Gründen umgestaltet; er erhielt u. a. vier Wartehäuschen mit Kiosk und WC (Bild 82). 1931 ent-stand das Ehrenmal für die Gefallenen des Ersten Weltkrieges an der Kleinen Alster; Entwurf Klaus Hoffmann, das Relief (Trauernde Mutter mit Kind) schuf Ernst Barlach. 1977 schrieb Hamburg einen Wettbewerb zur Neugestaltung des Rathausmarktes bundesweit aus. Der Neubau des Platzes wurde 1980/82 ausgeführt. Dabei wurde der Platz in seiner Höhenlage abgestuft und erhielt einen Granitbelag. Die neuen gläsernen Arkaden mit Kiosk und Cafés erhielten seitlich Baumreihen, auf der Seite zur Mönckebergstraße fand das Heine-Denkmal seine Aufstellung und zur Kleinen Alster hin wurde eine neue Freitreppe am Reesendamm in Verbindung mit der von J. H. Maack 1846 geschaffenen Viertelkreistreppe angelegt, um die Platzfläche zur Alster hin mehr zu öffnen.

82   *Der Rathausmarkt 1932.*

83   *Der Rathausmarkt nach der Neugestaltung 1980/82.*

84   *Der Rathausmarkt 1938; Blick auf die Hermannstraße und in die Mönckebergstraße mit St. Petri und St. Jakobi.*

85   *Etwa der gleiche Blick wie auf dem Bild 84, jedoch nach dem Luftangriff 1943.*

86   Die Einmündung der Hermannstraße und der Mönckebergstraße heute nach der Neugestaltung des Rathausmarktes.
Rechts das neue Heinrich-Heine-Denkmal; links im Bild die
neuen gläsernen Arkaden.

87   Blick aus Richtung Mönckebergstraße auf das Rathaus und
den 1982 neugestalteten Rathausmarkt mit den gläsernen Arkaden und den darunter befindlichen Kiosken.

88 Blick durch die Straße „Plan" auf den Rathausturm, 1938.

89 So sah der Durchblick vom Bild 88 im Jahr 1943 aus.

90 Der heutige Blick durch die Straße „Plan" auf den wiederhergestellten Rathausturm.

Vom Ballindamm, früher Alsterdamm genannt, führt der Blick hinweg über den Straßenzug Jungfernstieg – Bergstraße und durch die Straße „Plan" geradewegs auf den Rathausmarkt und auf das Rathaus mit seinem 112 m hohen Turm. Das Rathaus wurde im Krieg nur relativ leicht beschädigt, jedoch war der Turm ausgebrannt. Der Rathausturm, der zusammen mit den Türmen der fünf Hauptkirchen die weltweit bekannte Hamburg-Silhouette ergibt, wurde nach dem Krieg wieder hergestellt.

Im Bild 88 und 89 ist links das weltbekannte Varieté-Restaurant „Haus Vaterland" zu erkennen. Leider mußte auch dieses Restaurant vor einigen Jahren schließen und anderen Geschäften Platz machen.

91   Die Mönckebergstraße in Richtung zum Rathaus, 1943.

92   Die Mönckebergstraße mit Blick auf das Rathaus heute.

Mönckebergstraße

93   Die Mönckebergstraße 1929. In Bildmitte die Petrikirche und die Jakobikirche. Die Mönckebergstraße wurde im Rahmen der Altstadtsanierung unter Leitung des Oberbaudirektors Professor Fritz Schumacher 1909/14 gebaut. Im Bild oben links die Spitalerstraße; zwischen Steinstraße und Chilehaus/Meßberg Sanierung eines Altbauviertels. Rechts von der Petrikirche der Speersort mit dem ehemaligen Johanneum.

94 Die Mönckebergstraße bis zur Bergstraße 1943.

95 Die gleiche Blickrichtung (94) heute.

96 Die U-Bahn unter der Mönckebergstraße zerstört.

97 Auch dieser Kriegsschaden wurde bald beseitigt.

98 Die Mönckebergstraße beim Hauptbahnhof 1943.

99 Die Mönckebergstraße beim Hauptbahnhof heute.

100   Der Jungfernstieg um 1880 mit dem Alsterpavillon und dem Anleger für die Alsterschiffe; links die 1845 erbaute Reesendamm-brücke. Der erste Alsterdampfer fuhr 1859.

Jungfernstieg

101   Der Jungfernstieg heute. Am neuen Anleger die modernen weißen Schiffe der Alster-Touristik. Mit dem Anleger verbunden die unterirdische, 3-stöckige Haltestelle der U- und S-Bahn.

102   Blick vom Rathausturm auf den Ballindamm zur Zeit der Verbreiterung der Straße mit Trümmerschuttmassen 1946/47.

103   Die heutige Promenade und Verkehrsstraße Ballindamm auf der Ostseite der Binnenalster. Baumreihen zwischen Fußweg und Fahrbahnen ziehen den grünen Saum der Außenalster bis in die Innenstadt hinein.

Ballindamm

Die Binnenalster wird eingefaßt von den Uferstraßen Jungfernstieg im Süden (s. Bild 101 und Umschlagbilder), im Westen von dem Neuen Jungfernstieg und auf der Ostseite vom Ballindamm. Im Norden begrenzt die Lombardsbrücke die Binnenalster. Vom Rathausturm blickt man durch die Straße „Plan" auf den Ballindamm. Diese Uferstraße ist erst im Rahmen der Neuordnung und des Wiederaufbaues der Innenstadt nach dem großen Brand von 1842 entstanden; zuvor reichte die Alster noch bis an die Rückfront der damaligen Bebauung heran. Der Unterbau dieser Uferstraße wurde damals durch Schuttmassen aus dem verbrannten Stadtviertel geschaffen. Die östliche Uferstraße, zunächst Alsterdamm benannt, wurde später mit großen und dekorativen Geschäftshäusern bebaut, so u. a. das von Fritz Höger gestaltete Verwaltungsgebäude der Hamburg-Amerika-Linie (Hapag). Unter ihrem Generaldirektor Albert Ballin entwickelte sich die Hapag zu einer der bedeutendsten Reedereien. Nach dem Krieg wurde der Alsterdamm in Ballindamm umbenannt. In den Jahren 1946/47 wurde der Ballindamm verbreitert, und zwar mit Trümmerschutt der durch Bomben im Krieg 1939/45 zerstörten Häuser (s. Bild 102). Heute ist der Ballindamm wieder eine mit Baumreihen ausgestaltete Alster-Promenade, die auch imstande ist, den starken Verkehrsstrom vom und zum Zentrum der Stadt aufnehmen zu können (Bild 103).

104 Die Geschäftsstraße Neuer Wall im Herzen der Stadt zur Adventszeit 1938.

105 Der Neue Wall zur Adventszeit 1984. Im Krieg zerstörte Häuser wurden neu gebaut bzw. instandgesetzt.

Neuer Wall

106 Die Geschäftshäuser neben der Brücke über das Neue Wall-Fleet wurden durch Bomben zerstört.

107 An der Stelle der zerstörten Geschäftshäuser entstanden moderne Bürohäuser, Geschäfte und ein Café.

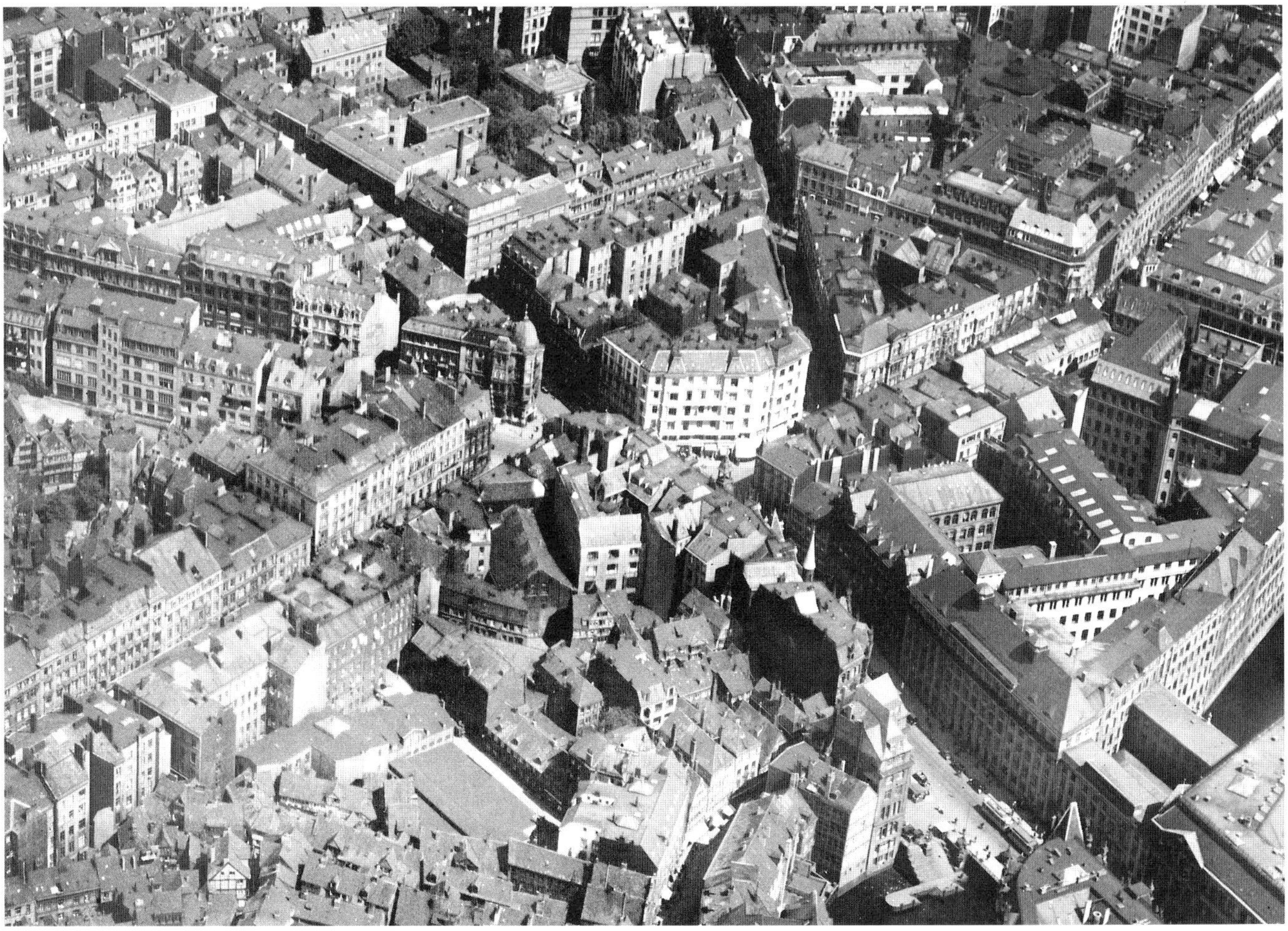

108   *Das Gebiet Kaiser-Wilhelm-Straße, Fuhlentwiete, Große und Hohe Bleichen, Stadthausbrücke, Wexstraße 1939.*

109 a + b   *Von den Gebäuden zwischen Kaiser-Wilhelm-Straße / Große Bleichen / Stadthausbrücke (Bild 108) war – außer den*

110   Die Kaiser-Wilhelm-Straße 1939 in Richtung Stadthausbrücke gesehen; links das Konzerthaus „Conventgarten" (1853/1943).

Straßenflächen selbst – nur wenig übrig geblieben.

111 Das Straßendreieck Hohe Bleichen – Heuberg – Große Blei-chen ist vollends zerstört worden.

112 Das Straßendreieck (111) wurde zu einem Platz mit Bäu-men und Stellplätzen umgestaltet, rechts das „Ramada-Renaissan-ce-Hotel".

Stadtgebiet zwischen Kaiser-Wilhelm-Straße und Roedingsmarkt

An den Großen Bleichen sind in den letzten Jahren mehrere Einkaufspassagen entstanden. An der Ecke Jungfernstieg beginnt die Passage „Hamburger Hof".

An der Poststraße setzt sich der Passagenweg in der „Alten Post", in der „Galleria" und im „Hanse-Viertel" (Bild 113 und 114) fort. Am südlichen Ende der Großen Bleichen ist die Passage „Kaufmannshaus"; sie ist mit einer Brücke über das Bleichenfleet mit dem Neuen Wall verbunden.

113 In den Großen Bleichen sind mehrere Passagen entstanden.

114 Die überdachte Einkaufsstraße im „Hanse-Viertel".

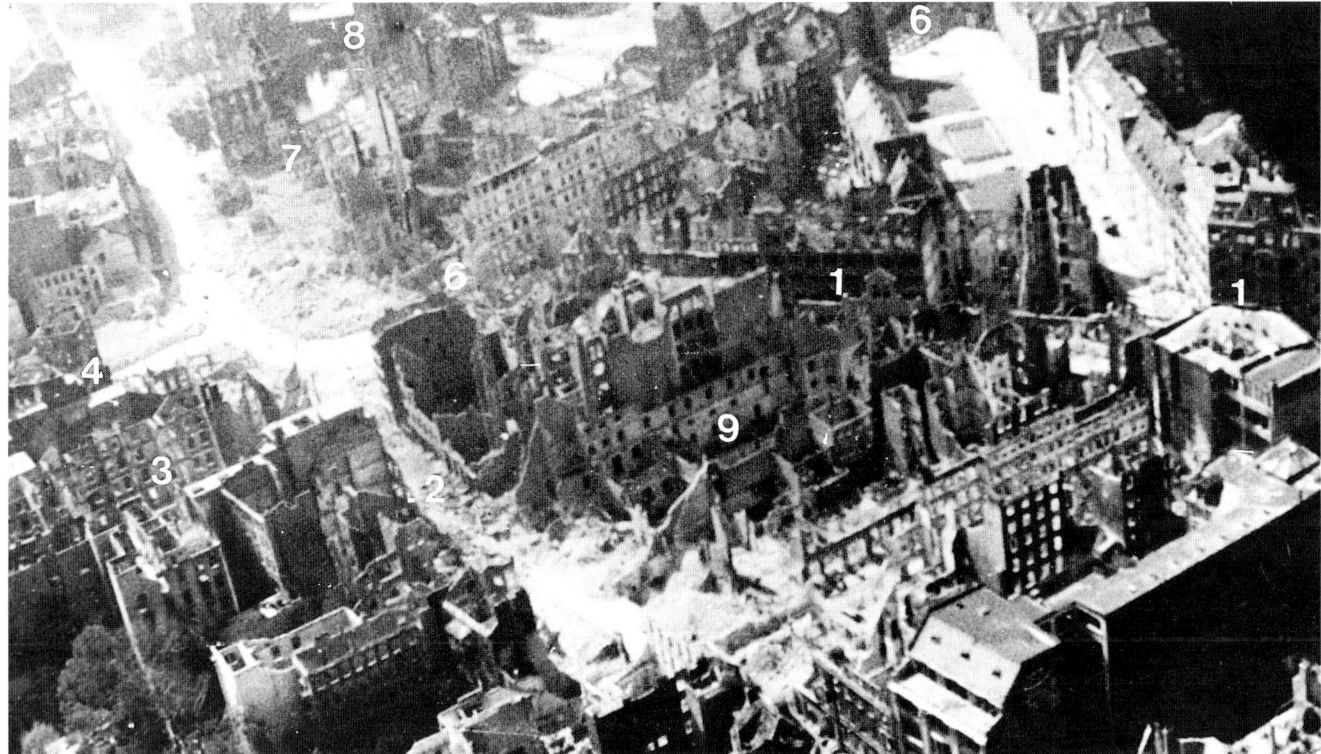

115　Das Luftbild von 1945 macht die Zerstörungen des Gebietes (Bild 108) deutlich (aufgen. von Nordwest).
(1) Kaiser-Wilhelm-Straße

(2) Fuhlentwiete
(3) Amelungstraße
(4) Große Bleichen
(5) Stadthausbrücke

(6) Wexstraße
(7) Düsternstraße
(8) Ellerntorsbrücke
(9) Konzerthaus „Conventgarten".

116　Die heutige Straßenecke Kaiser-Wilhelm-Straße / Fuhlentwiete mit dem Gebäude des Springer Verlages.

117   Die Straße Stadthausbrücke 1943; links die Ellerntorsbrücke.

118   Das Luftbild zeigt das Stadtgebiet von der Ellerntorsbrücke (unten) über die Stadthausbrücke bis zur Straßenkreuzung Kaiser-Wilhelm-Straße / Fuhlentwiete / Wexstraße im heutigen Zustand.

119   Das Bleichenfleet 1939 mit Blick auf die Stadthausbrücke und dem damaligen Dienstgebäude der Hamburger Polizei.

120   Die gleiche Blickrichtung wie Bild 119 heute. Nach Wiederherstellung des ausgebrannten ehemaligen Polizeigebäudes dient es heute der Baubehörde. Straße und Brücke wurden 1978 unter Erhaltung der alten Wassertreppe zum Fleet verbreitert.

121   *Das Bleichenfleet 1943; die 1668 erbaute Ellerntorsbrücke und die Bebauung ringsum wurden stark beschädigt bzw. zerstört.*

122   *Das Bleichenfleet heute; die wiederhergestellte Ellerntorsbrücke, die Fleetböschungen wurden Grünflächen.*

123 *Der Alte Steinweg von der Düsternstraße aus gesehen.*
(1939)

124 *Der Alte Steinweg 1945. Hinter den Trümmerbergen das*
Bleichenfleet.

125 *Die zweitälteste Brücke Hamburgs, die Ellerntorsbrücke, und der Alte Steinweg heute.*

126 (links) Die Straßenecke Stadthausbrücke / Neuer Wall um die Jahrhundertwende.

127 (links unten) Die 1839 von J. H. Maack errichtete Graskellerbrücke und -schleuse wurde 1943 relativ leicht beschädigt; im Hintergrund die zerstörte Gebäudeecke am Neuen Wall.

128 Das gußeiserne Kunstgeländer der alten Graskellerbrücke wurde restauriert und nahe der Zollenbrücke wieder aufgestellt.

129 Eines der wiederhergestellten Geländerfelder der alten Graskellerbrücke.

130 Die Straße Graskeller 1945; der „Graskeller" war im 13. Jahrhundert Teil des Niederdamms (s. Seite 8/9).

131 Der heutige „Graskeller" mit der neuen Straßen- und Fußgängerbrücke über das Alsterfleet (s. Bild 133).

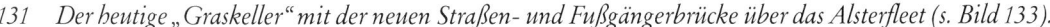

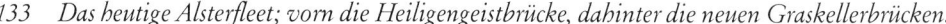

132 Die Heiligengeistbrücke 1939. Erbaut 1883 zur Verbindung der Michaelisstraße mit dem Großen Burstah.

133 Das heutige Alsterfleet; vorn die Heiligengeistbrücke, dahinter die neuen Graskellerbrücken.

134   Die Bebauung an der 1883 hergestellten Verbindungsstraße Michaelisstraße – Großer Burstah wurde 1943 völlig zerstört.

135   Nach Fertigstellung der neuen Ost-West-Straße (Bild 3) wurde diese ehemalige Verbindungsstraße bedeutungslos.

136   Die Kreuzung Alter Wall / Großer Burstah / Rödingsmarkt /
Graskeller nach Eröffnung der Hochbahn 1912.

137   Die Straßenkreuzung (Bild 136) 1945; links das Alsterfleet,
in der Mitte Alter Wall mit Brücke über das Mönkedammfleet.

138   Die Straßenkreuzung Alter Wall – Rödingsmarkt / Graskeller – Großer Burstah heute. Neue Gebäude wie links das Postgiroamt
im Alten Wall sind entstanden; andere ältere Gebäude wie am Mönkedamm und am Großen Burstah wurden instandgesetzt. Der
eiserne Hochbahnviadukt leistet seit rd. 75 Jahren seinen Dienst.

139 Das Stadtgebiet zwischen Kaiser-Wilhelm-Straße und Rödingsmarkt heute.

(1) Kaiser-Wilhelm-Straße
(2) Fuhlentwiete
(3) Amelungstraße
(4) Große Bleichen
(5) Hohe Bleichen
(6) Heuberg
(7) Stadthausbrücke
(8) Wexstraße
(9) Düsternstraße

(10) Alter Steinweg
(11) Ellerntorsbrücke
(12) Neuer Wall
(13) Bleichenbrücke
(14) Adolphsbrücke
(15) Alter Wall
(16) Graskeller
(17) Großer Burstah
(18) Heiligengeistbrücke

(19) Ost-West-Straße
(20) Rödingsmarkt mit Hochbahnviadukt und Haltestelle

(A) Herrengrabenfleet – Bleichenfleet
(B) Neuerwallfleet
(C) Alsterfleet
(D) Mönkedammfleet

140 (oben links) Der Zuschauerraum und die Foyers der Hamburgischen Staatsoper wurden 1943 ein Raub der Flammen. Das Bühnenhaus blieb erhalten.

141 Beim Neubau des Zuschauerraumes, der Foyers usw. des Opernhauses konnte die alte Fassade von Martin Haller nicht erhalten bleiben.

142 Die Caffamacherreihe 1939, benannt nach den dort früher ansässigen Tuchmachern.

143 Alte und neue Gebäude in der heutigen Caffamacherreihe; im Hintergrund das Unilever-Verwaltungsgebäude, erbaut 1959–1964.

144 Der Speersort 1938; rechts das frühere Schulgebäude des Johanneums auf dem ehemaligen Gelände des 1805 abgerissenen Doms.

145 Die Umgebung von Speersort bis zur Burchardstraße 1945.

146 Beim Neubau des Gebäudes Speersort / Kreuslerstraße wurde 1962 das Fundament des Bischofsturms (etwa 1050) gefunden.

147 Speersort – Steinstraße mit Jakobikirche heute. Das alte Fundament des Bischofsturms kann im Tiefgeschoß des Neubaus an der Ecke Kreuslerstraße besichtigt werden.

148 *Luftaufnahme vom Gebiet um die Nikolai- und Katharinenkirche (1932).*

Im oberen Teil des Bildes (148) die St. Nikolaikirche. Sie wurde nach dem großen Brand von 1842 nach einem Entwurf des englischen Architekten G. Scott im neugotischen Stil von 1846 bis 1882 erbaut. Auf der Westseite der Nikolaikirche der Hopfenmarkt. Im Süden und Osten der Kirche mit ihrer zum Nikolaifleet abschließenden Bebauung die Straße „Neue Burg".

Zwischen dem Nikolaifleet und dem Zollkanal (am unteren Rand des Bildes 148) die Kirche St. Katharinen. Das Backsteinbauwerk stammt aus dem 14./15. Jahrhundert; der herrliche Turmhelm wurde nach den Plänen von P. Marquard 1659 errichtet.

149 *Blick vom Nikolaiturm in Richtung Osten auf das Gröningerstraßenfleet und die Gröningerstraße, kurz vor der Zerstörung aufgenommen.*

150 Die Gröningerstraße 1939, in Richtung nach Westen auf den Nikolaikirchturm gesehen.

151 Die Gröningerstraße 1943. Sie endete vor dem Nikolaifleet in der ebenfalls zerstörten Straße „Grimm".

Stadtgebiet zwischen Nikolaikirche und Meßberg

152 Das recht breite alte Gröningerstraßenfleet von der Brandstwietenbrücke aus in Richtung Meßberg gesehen (1939).

153 Das Gröningerstraßenfleet von der Brauerstraßenbrücke in Richtung Westen auf die Brandstwietenbrücke gesehen (1939).

154 Blick vom ausgebrannten, aber stehen geblieben Nikolaikirchturm auf das zerstörte Kirchenschiff, auf die Trümmer der Gebäude „Neue Burg" sowie auf die Ruinen der Straße „Grimm" auf der gegenüberliegenden Seite des Nikolaifleetes nach einem Luftangriff.

Die Ost-West-Straße

Bereits in den Jahren nach Beendigung des Krieges begann im Rahmen der ersten Wiederaufbauplanungen auch die Planung einer rd. 2 km langen Ost-West-Straße vom Millerntor bis zum Deichtor. Die Trassierung dieser i. M. 36 m breiten Straße erfolgte weitgehend auf den von Trümmern geräumten Innenstadtflächen. Die Ost-West-Straße wurde von 1953 bis 1963 ausgeführt. Aufgabe dieser Innenstadtverbindung mit der Abzweigung Domstraße – Steinstraße war, den zu erwartenden starken motorisierten Straßenverkehr aufzunehmen und ihn durch die Innenstadt zu führen. Dies gilt einerseits für den Durchgangsverkehr, aber insbesondere erhielt die Innenstadt damit einen „Verkehrs-Vorfluter", der den Verkehr von und zu den Geschäftsstraßen der Innenstadt sammelt und leitet. Seit Jahren zählt die Ost-West-Straße zu den höchstbelasteten Straßen Hamburgs (rd. 50 000 bis 55 000 Kraftfahrzeuge täglich). Die Ost-West-Straße ermöglicht, erhält und fördert das wirtschaftliche Leben der Innenstadt.

Der 154 m hohe Turm der ehemaligen St. Nikolaikirche (dritthöchster Kirchturm in der Bundesrepublik) und Reste des Kirchenschiffes sind als Mahnmal erhalten worden. Auf dem Hopfenmarkt, unter den neugepflanzten Bäumen und neben dem alten Vierländer-Brunnen finden heute wieder Wochenmärkte statt. An der Ost-West-Straße sind moderne Bürohäuser entstanden.

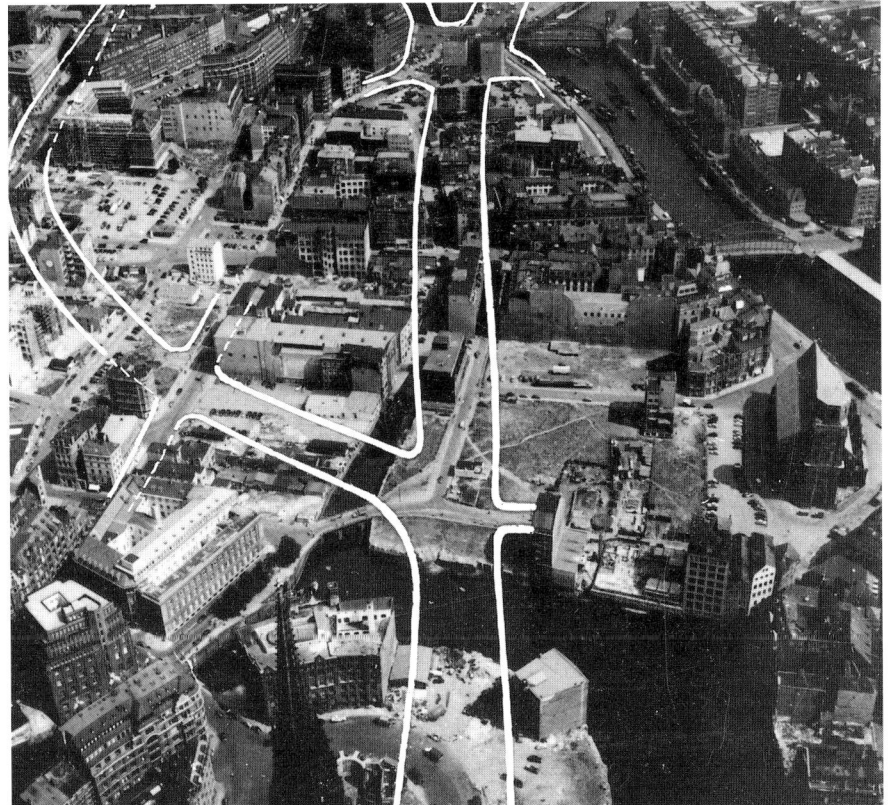

155 Die Planung der Ost-West-Straße im Abschnitt Nikolaikirche, Domstraße bis zum Deichtor, 1952.

156 Die Ost-West-Straße heute, vom Hopfenmarkt, Nikolaiturm, Nikolaibrücke zum Meßberg – Deichtorplatz.

157 Die 1943 ausgebrannte Kirche St. Katharinen. Der herrliche Turmhelm ist eingestürzt. Nur die Mauern und die Dekkengewölbe hielten der Feuersbrunst stand.

Bei der Katharinenkirche

158 Luftbild über die wiederhergestellte Katharinenkirche hinweg bis zur Alster. Die Kirche St. Katharinen wurde 1959 bis 1965 weitgehend originalgetreu wieder aufgebaut. Links vor der Kirche der verbliebene Restteil der Straße „Grimm". Im Bild unten rechts der Zollkanal und die Straße Zippelhaus.

159 Die Rückfront der Straße „Grimm" am Nikolaifleet, 1939; das 6. Haus von links war das renommierte „Alt-Hamburger-Bürgerhaus".

160 (unten) Die Rückfront „Grimm" 1945; das 2. Haus von links war das „Alt-Hamburger-Bürgerhaus".

161 (rechts) Rückseite „Grimm" am Nikolaifleet mit der Nikolaibrücke (Ost-West-Straße) und der Katharinenkirche heute.

162 (oben links) Die Straße „Grimm" 1939 (von Süden gesehen). In der Mitte links das „Alt-Hamburger-Bürgerhaus"; 1932 restauriert, beherbergte es eines der bekanntesten Speiserestaurants vor dem Kriege.

164 (oben) Nach den Luftangriffen 1943 reihten sich im „Grimm" Trümmer an Trümmer. Hier ein Blick von der Zollenbrücke in den „Grimm" in jenen Tagen.

163 (links) So sah einst das Portal des „Alt-Hamburger-Bürgerhauses" aus.

166 Die heutige Straße „Grimm" von Süden gesehen (vgl. Bild 162). Nur die Fleetseite der Straße ist bebaut worden. Auf der anderen Straßenseite ist hinter einem Grünstreifen eine Schule gebaut worden.

167 (oben rechts) In einem im Stil alter Kaufmannshäuser nachempfundenen, neuen Bankgebäude im „Grimm" ist ein altes Portal eines Kaufmannshauses, das einst an anderer Stelle der Innenstadt gestanden hat und von Bomben zerbrochen war, restauriert und hier wieder eingefügt worden.

165 Von dem ehrwürdigen „Alt-Hamburger-Bürgerhaus" hatten die Bomben nicht viel übriggelassen. Man blickt über die Trümmer und über das Nikolaifleet hinweg auf den ausgebrannten, aber stehen gebliebenen Turm der Nikolaikirche (vergl. Bild 163).

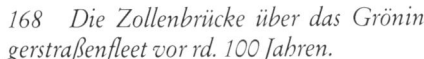

168 Die Zollenbrücke über das Gröningerstraßenfleet vor rd. 100 Jahren.

169 Die Zollenbrücke und die angrenzende Bebauung „Grimm" 1945.

170 Die über 350 Jahre alte Zollenbrücke heute.

Bei der Nikolaikirche

Von den zahlreichen Brücken über das ehemalige Reichenstraßenfleet und über das Gröningerstraßenfleet ist insbesondere die Zollenbrücke zu nennen. Sie führt auf der Ostseite des ersten Hamburger Hafens am Alsterbogen (s. Seite 8) über das Gröningerstraßenfleet. Die Zollenbrücke, erstmals namentlich 1246 als hölzerne Fahrbrücke urkundlich genannt, wurde 1633 als Dreibogenbrücke in Naturstein erbaut. Die Brücke ist in ihrer Form voll erhalten geblieben. Das Gröningerstraßenfleet ist 1943, wie manche anderen Fleete auch, durch Trümmer der am Fleetrand stehenden Gebäude verschüttet worden. Da viele Fleete seit längerer Zeit sowieso keine Bedeutung als Handels- und Schifffahrtsweg mehr hatten, wurden sie nach dem Krieg vollends zugeschüttet. Das Gröningerstraßenfleet wurde jedoch nur bis etwa 50 m an die Zollenbrücke heran verfüllt und dort mit einer Uferwand abgeschottet.

Die Zollenbrücke, die älteste Brücke Hamburgs, blieb somit erhalten und führt seit 1953 nur noch als Fußgängerbrücke über einen kleinen Restteil des ehemaligen Gröningerstraßenfleets. Die Bebauung um die Zollenbrücke herum hat sich im Laufe der Zeit völlig verändert. Moderne Geschäfts- und Bürohäuser umrahmen die alte Brücke, und der starke Verkehrsstrom der Ost-West-Straße fließt nahe an ihr vorbei.

171 Ein Blick über den Hopfenmarkt 1939 in Richtung Holzbrücke und Deichstraße.

Der Hopfenmarkt, einst nach der Gründung der gräflichen Neustadt im 12. Jahrhundert als Neuer Markt benannt, war später bis zum Anfang des 20. Jahrhunderts stets der Hauptmarktplatz zunächst für Hopfen, dann für Obst und Gemüse (siehe Bild 39).

172 Der Hopfenmarkt heute mit dem Nikolaiturm als Mahnmal und der Ost-West-Straße. Die Cremonbrücke führt die Fußgänger über die Ost-West-Straße in Richtung Holzbrücke und zur historischen Deichstraße (Bildmitte).

63

173 Eine Luftaufnahme aus dem Jahr 1939 vom Hopfenmarkt (unten rechts) über die Deichstraße am Nikolaifleet sowie über die Holzbrücke (links im Bild) zum Stadtteil „Cremon" bis hin zum Hafen.

174 Ein Foto von 1939, aufgenommen von der Reimersbrücke über das Nikolaifleet hinweg auf die Holzbrücke und auf die ehemalige Fleetseite der Deichstraße; vorne rechts im Bild die Rückfront der Kaufmanns- und Lagerhäuser am Hopfenmarkt. Die nach dem Hamburger Brand von 1842 anstelle der alten hölzernen Brücke nun mit drei Gewölben aus Ziegelmauerwerk ausgeführte „Holzbrücke" stammt ebenfalls – wie 12 weitere Brücken jener Zeit – von J. H. Maack.

175   Das gleiche Bild wie 174 – nur 4 Jahre später. Die steinerne Holzbrücke ist zwar mit nur geringen Schäden davongekommen, aber die Lager- und Geschäftshäuser am Nikolaifleet (Rückseite Neue Burg/ Hopfenmarkt bzw. Deichstraße) sind erheblich zerstört worden oder so ausgebrannt, daß ihr Wiederaufbau nicht mehr möglich war.

176   Das Nikolaifleet mit der Rückfront der Deichstraße heute, von der Holzbrücke aus gesehen. Die zum Teil aus dem 17. Jahrhundert stammenden Häuser auf der Fleetseite der Deichstraße wurden durch die Initiative des Vereins „Rettet die Deichstraße" mit Unterstützung vieler Bürger, Institutionen und der Stadt instandgesetzt bzw. in alter Form wieder aufgebaut oder ganz neu eingefügt (s. Bild 55).

177 Der Stadtteil Cremon 1939, eine Insel umgeben von dem Nikolaifleet, dem Zollkanal und dem Steckelhörnfleet.

178 Die Cremon-Insel ausgebrannt, 1943. Im Schatten der Ruinen die Katharinenstraße.

179 Die ehemalige Katharinenstraße 1939. ▶
180 Die Katharinenstraße 1943.
181 Die Katharinenstraße heute.
182 Ein alter „Beischlag", eingefügt in die Glasfassade eines neuen Bürohauses.

68

◄ 183   Blick durch das Steckelhörnfleet und über das Nikolaifleet und „Neue Burg" auf den Turm der Nikolaikirche, 1939.

184   Der gleiche Blick wie Bild 183, vier Jahre später; die Häuser zerstört, das Fleet verschüttet.

185   Das von den Trümmern verschüttete Steckelhörnfleet wurde vollends zugeschüttet und mit einer Stützwand gegen das Nikolaifleet abgeschottet.

186   Ein Foto von 1943, vom Nikolaiturm ein Blick in das Steckelhörnfleet, vorn „Neue Burg", hinten die ausgebrannte Katharinenkirche.

187   (rechts) Das Katharinenstraßenfleet im „Cremon", 1939, von der Mattentwietenbrücke aus über die Reimerstwietenbrücke zum Steckelhörn.

188   (unten) Das Katharinenstraßenfleet in gleicher Blickrichtung (wie Bild 187). Die Trümmer der Bebauung haben das Fleet fast ganz zugeschüttet.

189   (unten rechts) Im Rahmen des Wiederaufbaus des „Cremon" ist das Fleet zu einer Straße geworden. Die Aufbauarbeiten (Wohnungen und mit der Schiffahrt verbundene Büros) sind hier 1986 abgeschlossen worden.

190 Am Zollkanal „Beim neuen Krahn"
1939. Im Zuge der Uferstraße überspannt
eine eiserne Brücke die Ausmündung des
damaligen Katharinenstraßenfleets in den
Zollkanal. In der Ufermauer ist neben der
Brücke eine Wassertreppe zum Anlegen der
auf dem Zollkanal fahrenden Wasserfahrzeuge. Die schönen Fachwerkhäuser an der
Uferstraße spiegeln das Bild der Hafenstadt
des 18. Jahrhunderts wider.

191 Die Uferstraße „Beim neuen Krahn"
in Richtung der Straße „Bei den Mühren –
Zippelhaus" gesehen, 1939.

192 (rechts oben) Die Uferstraße „Beim ▶
neuen Krahn" heute (vgl. Bild 190). Nach
Zuschüttung des Katharinenstraßenfleets ist
die Brücke abgebrochen worden; die Wassertreppe blieb erhalten. Die Fachwerkhäuser wurden ein Raub der Flammen, hier
entstanden neue Bürohäuser.

193 Eine heutige Luftaufnahme über die
Speicherstadt im Brook und den Zollkanal
auf das Stadtgebiet „Cremon". Die letzten
Baulücken im „Cremon" sind geschlossen
worden.

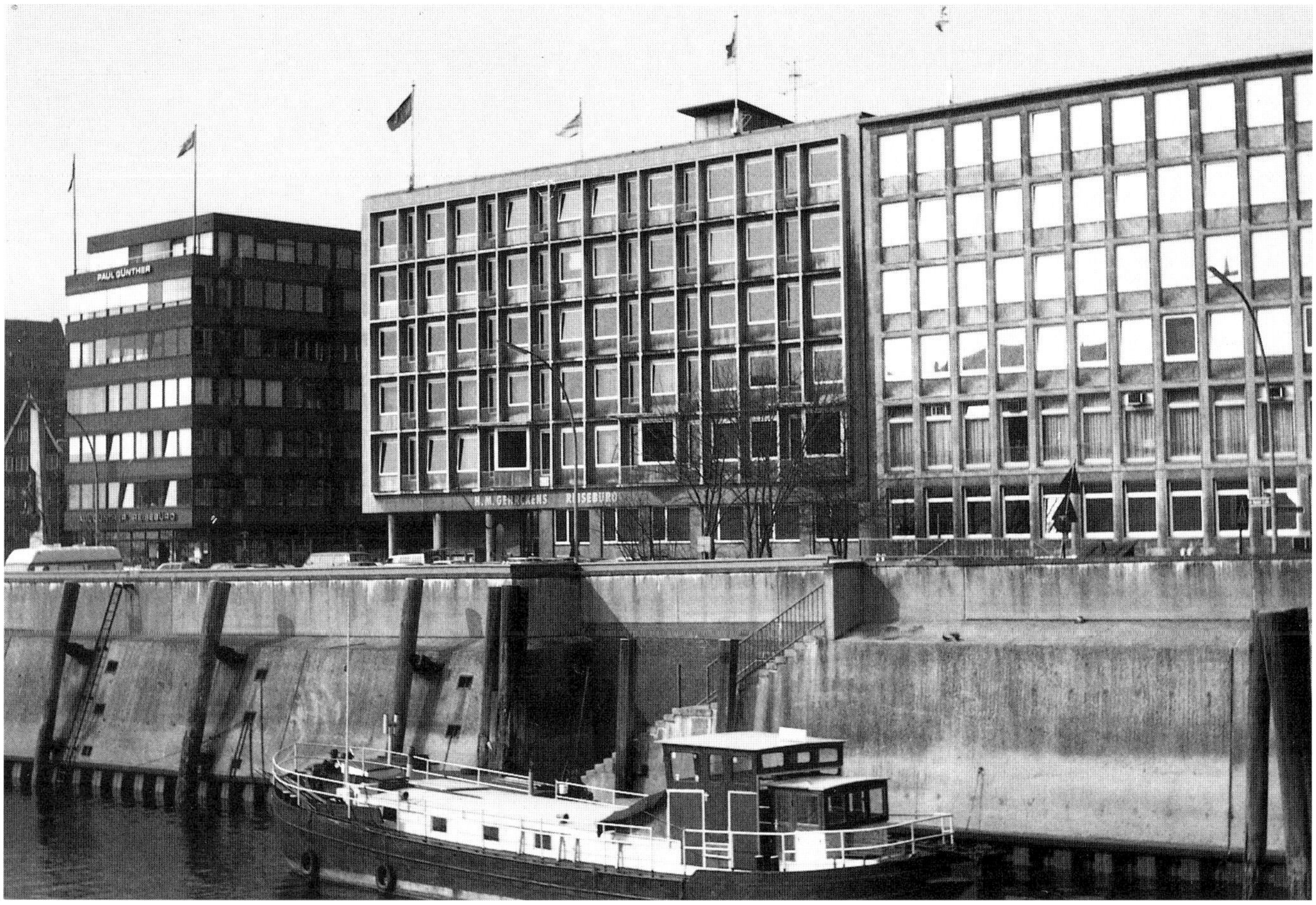
PAUL GÜNTHER
H.M. GEHRCKENS

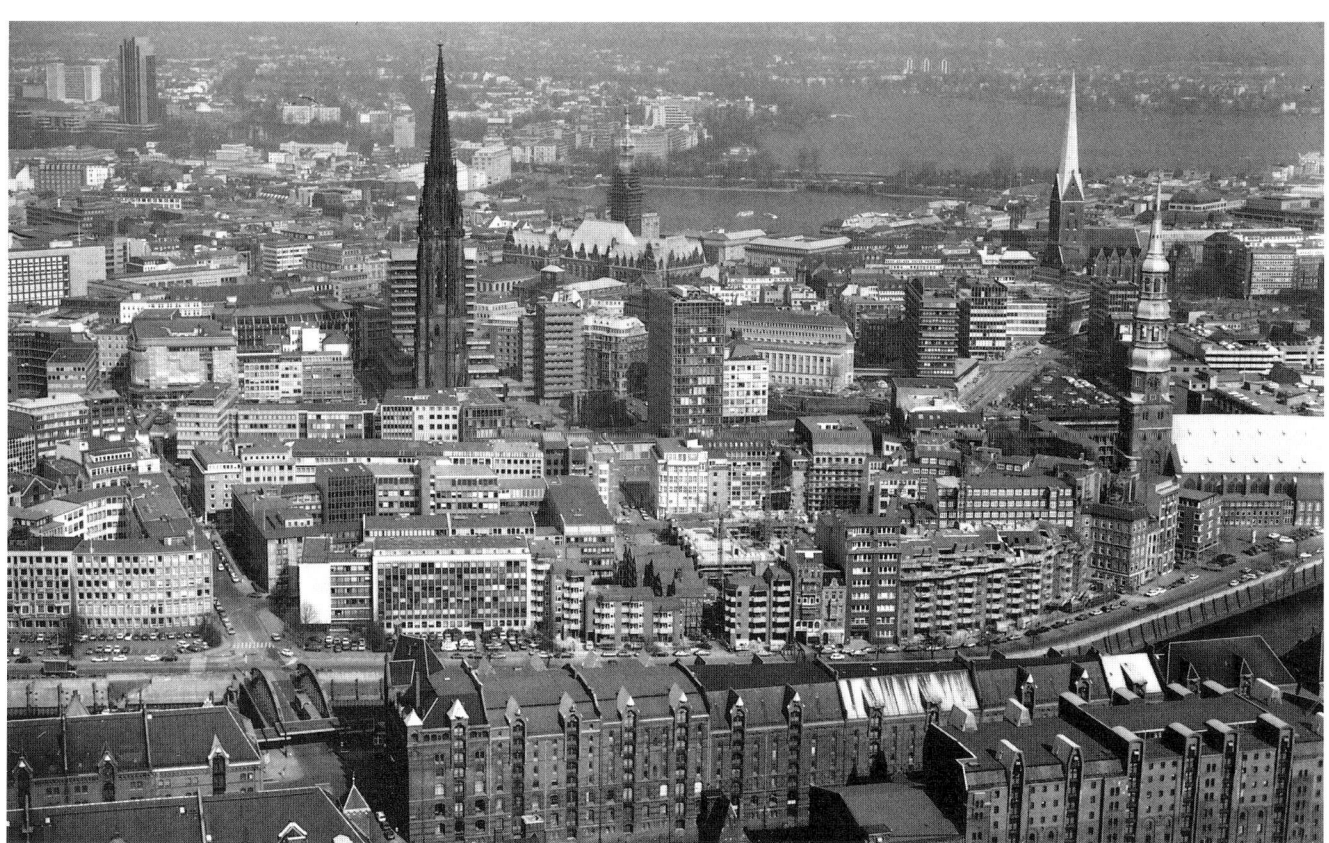

194   Das eng bebaute Stadtgebiet bei der Michaeliskirche (1939) reicht im Süden bis an die Norderelbe heran. Vorn im Bild die alte Überseebrücke sowie der Hochbahnviadukt im Zuge der Uferstraßen Johannisbollwerk – Vorsetzen – Baumwall.

Stadtgebiet zwischen Michaeliskirche und Millerntor.

195   Das gleiche Luftbild wie 194, jedoch 1945. Nur relativ wenig beschädigt, steht die Michaeliskirche fast allein im geräumten Trümmerfeld.

196   Das wiederaufgebaute Stadtgebiet bei
der Michaeliskirche (vgl. mit Bild 194 und
195); rechts unten die neue Überseebrücke,
links im Bild St.-Pauli-Landungsbrücke,
Helgoländer Allee – Millerntor – Wallring-
anlagen.

197   Die neue Überseebrücke an den Vorsetzen. Schiffe aus allen Ländern der Welt
machen hier fest (s. Bild 24).

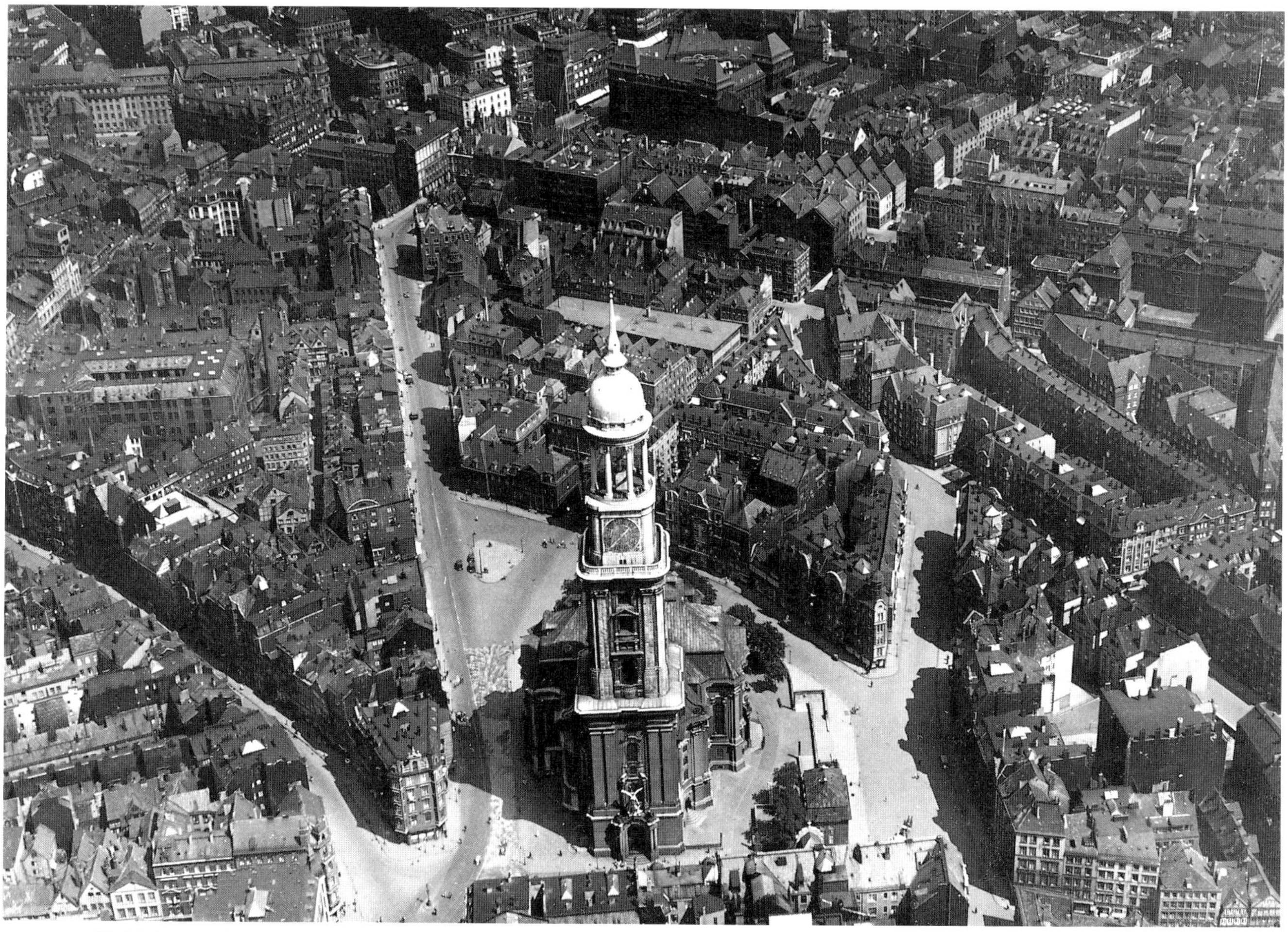

198   *Luftbild der Michaeliskirche und Umgebung 1932, von Westen gesehen.*

199   *Von der Michaeliskirche 1943: Das Trümmerfeld um die Große Michaelisstraße.*

Die St. Michaeliskirche, von den Hamburgern kurz und liebevoll „Michel" genannt, wurde zum Wahrzeichen der Stadt. Die erste Michaeliskirche wurde als Mittelpunkt des in der ersten Hälfte des 17. Jahrhunderts entstandenen Kirchspiels St. Michaelis (s. Seite 9) als dreischiffiger Backsteinbau von 1649 bis 1668 erbaut. Sie wurde 1750 durch Blitzschlag völlig zerstört. Von 1751 bis 1762 entstand der Barockneubau von J. L. Prey und E. G. Sonnin. Den einzigartigen, 132 m hohen Turm vollendete Sonnin von 1777 bis 1786. 1906 brannte bei Dachdeckerarbeiten die Kirche abermals bis auf die Umfassungsmauern und den Turmstumpf aus. Der „Michel" wurde historisch getreu wieder aufgebaut. 1939/45 erlitt die Michaeliskirche relativ geringe Schäden; sie wurde von 1971 bis 1974 restauriert.

200 *Die Planung der Ost-West-Straße im Abschnitt vom Millerntor, Zeughausmarkt, Michaeliskirche bis zum Rödingsmarkt (1952).*

Der westliche Teil der Ost-West-Straße wurde im Zusammenhang mit dem östlichen Teil (s. Bild 155, Seite 57) in den ersten Jahren nach Kriegsende geplant und 1953 – 1963 gebaut. Die Trassierung der i. M. 36 m breiten Straße geschah unter weitgehender Ausnutzung der geräumten Trümmerflächen.

201 *Das Luftbild zeigt die St. Michaeliskirche kurz vor Beendigung der jahrelangen, umfangreichen Instandsetzungsarbeiten am Turm und Turmhelm und die Ost-West-Straße sowie die heutige Innenstadt bis zur Alster, den Rathausturm, den spitznadeligen Turm der Petri-Kirche, den nach dem Krieg in neuer Form erstellten Turm der Jakobi-Kirche, den Nikolaiturm sowie den Turm der Katharinenkirche.*

202 Blick vom Michel in Richtung nach Süden auf den Hafen (1943), links oben Kaiserhöft, an den Vorsetzen der Hochbahnviadukt, im Vordergrund die Ruinen vom Schaarsteinweg bis zum Schaarmarkt.

204 Südöstlich der St. Michaeliskirche die Ecke Martin-Luther-Straße (links)/Teilfeld (rechts), 1939.

206 Der Brand der Michaeliskirche am ▶ 3. 7. 1906.

207 „Der Michel" mit seinem 132 m ho- ▶ hen Turm, davor die Straße Hohler Weg, 1939.

203 Die gleiche Aufnahme wie 202. Im Bild rechts der Neustädter Neue Weg; die Fläche links davon wird z. Z. mit dem Verlagsgebäude der Gruner und Jahr AG u. Co. neu bebaut.

205 Das heutige Luftbild von Ost nach West in Richtung Michaeliskirche zeigt die neue Bebauung am Michel und noch Teile der alten Bebauung (rechts Ecke Martin-Luther-Straße/Teilfeld).

208 Die im Feuersturm 1943 um den Mi- ▶ chel herum zerstörten Gebäude.

209 Die restaurierte St. Michaeliskirche; ▶ links der neue „Hohler Weg".

Westlicher Wallring

Auf Beschluß des Rates der Stadt ist ab 1819 die gesamte halbkreisförmige Befestigungsanlage abgerissen und durch den Landschaftsgärtner Altmann aus Bremen bis 1832 zu einem Parkring umgestaltet worden. Dabei blieben einige ehemalige Wallgräben als Teil der Parkanlage erhalten. Im Sommer war der Wallringpark ein beliebter Ort für erholsame Spaziergänge am Feierabend, oder während einer Arbeitspause für die Beschäftigten der nahegelegenen Büros der Innenstadt. Im Winter, bei Schnee und Kälte, waren die tiefen Wallgräben bei den jungen Hamburgern beliebt zum Rodeln oder Eislaufen.

210   Die Wallgräben im westlichen Teil des Wallringes zwischen Millerntor und Sieveking-/Karl-Muck-Platz.

211   Partie in den 12 – 14 m tiefen, mit hohen Bäumen bestandenen Wallgräben, 1939.

212   Der Wallring-Park, eine Oase der Ruhe, mitten in der Großstadt. Im Hintergrund die Fußgängerbrücke, 1939.

213 Die Bäume des Wallringparkes sind z. T. im Krieg durch Bomben zerfetzt bzw. in der Not der Nachkriegszeit verheizt worden. Die kahlen Gräben wurden 1946/47 mit Trümmerschutt verfüllt und die Brücken abgebrochen.

214 Im Rahmen der Internationalen Gartenbauausstellungen IGA 1963 und 1973 wurde dieser Wallringabschnitt in Parks, jedoch mit nur kleineren Gewässeranlagen, zurückverwandelt.

215 Im Zuge des Wallringes der Sieve-
king- und Karl-Muck-Platz (1930).

216 Sieveking- und Karl-Muck-Platz
nach dem Umbau 1963.

Im westlichen Wallring (Holstenwall
– Gorch-Fock-Wall) liegen der Sievekingplatz und der Karl-Muck-Platz.
Auf dem Sievekingplatz das Zivilju-
stizgebäude, erbaut 1898 – 1903, erweitert 1928 – 1930 (im Bild 215 links),
das   Strafjustizgebäude,   erbaut
1879 – 1882 (im Bild 215 rechts) und in
der Mitte das Hanseatische Oberlan-
desgericht, erbaut 1906 – 1912.

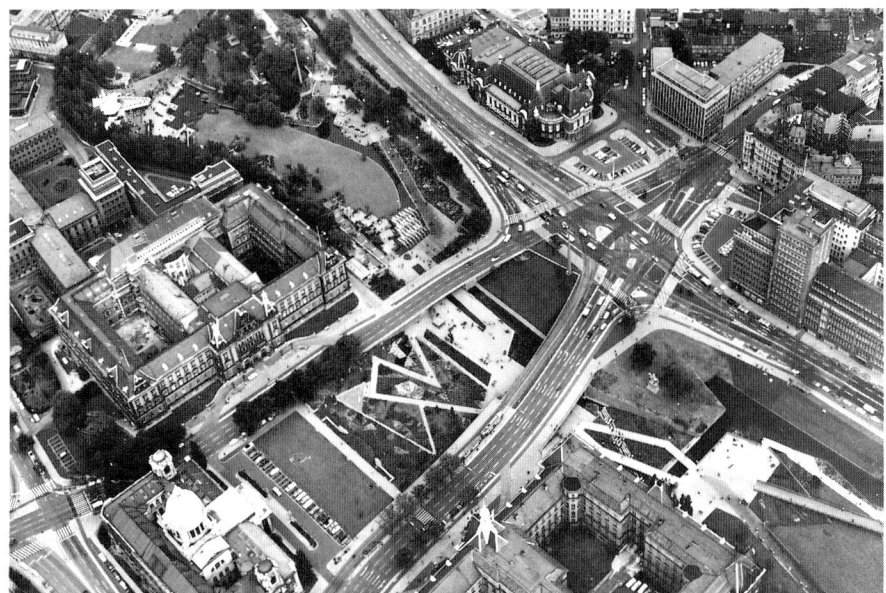

217 Die 1904 – 1908 erbaute Musikhalle
am Karl-Muck-Platz mit der Brahms-Ge-
denkstätte (1981) davor.

218 Am Gorch-Fock-Wall/Stephansplatz
liegt der alte Botanische Garten mit dem
letzten noch übriggebliebenen Wallgraben.
Nach Fertigstellung des Congress-Centrum-
Hamburg (CCH) und des Plaza Hotels ist
zur IGA 73 der alte Botanische Garten mit
dem Park „Planten un Blomen" durch
Überbauung der Marseiller Straße verbunden worden (Bild 219). Ein neuer Botani-
scher Garten ist in Klein-Flottbek entstanden.

Hamburg, Messe- und Kongreßstadt

219 Im Wallring liegt der alte Botanische Garten mit dem letzten noch erhaltenen Wallgraben (A). Nördlich davon, auf dem Gelände des ehemaligen Hamburger Zoologischen Gartens, der Park „Planten un Blomen" (B). Beiderseits der Parkanlagen liegen das Messegebiet mit seinen 13 Messehallen (C) (vier Hallen an der Jungiusstraße sind neugebaut, ein Hallenneubau ist in der Planung) und das Congress-Centrum-Hamburg (CCH) mit dem Hotel „Hamburg Plaza" (D). Die Messe- und Kongreßanlagen liegen nahe dem Dammtor-Bahnhof (Fernbahn und S-Bahn) (E) sowie dem Stephansplatz (U-Bahn).

(1) Gorch-Fock-Wall
(2) Stephansplatz
(3) Esplanade
(4) Theodor-Heuss-Platz
(5) Moorweide
(6) Hauptgebäude der Universität
(7) Marseiller Straße
(8) Jungiusstraße
(9) Fernsehturm „Heinrich-Hertz-Turm"
(10) Sternschanzenpark
(11) Neue Universitätsgebäude
(12) Neue Universitätsgebäude

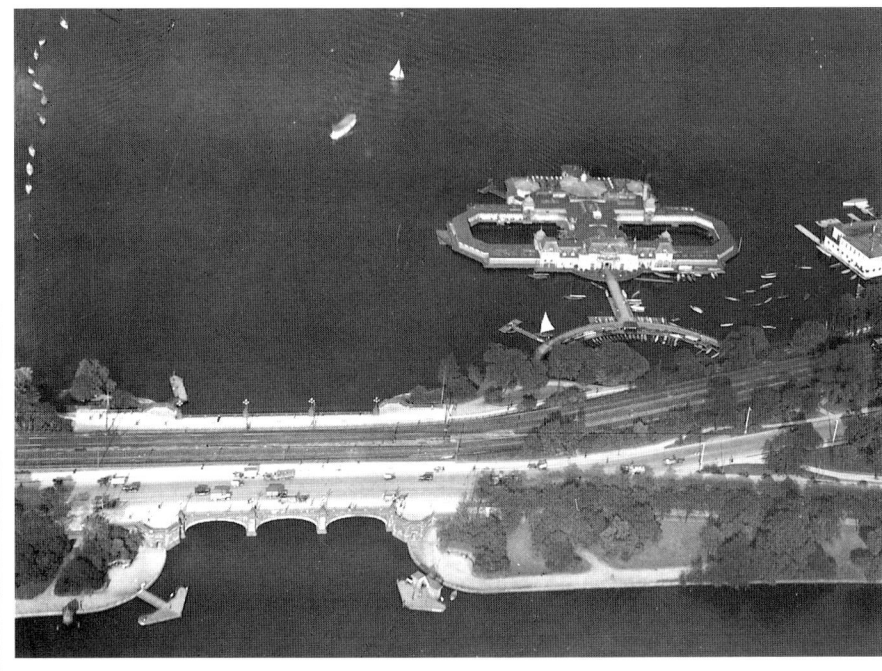

Die Lombards- und Kennedybrücke

Nach dem Bau der Befestigungsanla- beiden in der Alster gelegenen Bastio-
gen 1616 – 1626 (Bild 8) wurde 1628 nen Didericus und David zunächst
als Verbindungsglied zwischen den nur ein hölzerner Steg über den

Durchfluß der Alster gebaut. 1688 wurde dieser Steg zu einer Fahrbrücke ausgebaut, der ersten Lombardsbrücke, benannt nach dem Leihhaus (Lombard) auf der Westseite der Brücke. Die hölzerne Fahrbrücke mußte mehrmals erneuert werden. Von 1865 – 1868 entstand nach dem Entwurf von Bauinspektor Johann Hermann Maack die steinerne Dreibogenbrücke für Straße und Eisenbahn (Bild 221 und 222). 1903 wurde die Lombardsbrücke beim Ausbau der Eisenbahnstrecke Hamburg-Altona verbreitert. Die Lombardsbrücke ist mit ihren 3 Brückenöffnungen, ihrer Gestaltung und mit den 8 gußeisernen Kandelabern (Bild 220) weltweit bekannt. Als ab 1950 der Straßenverkehr stark anstieg, wurde 1952 – 1953 eine zweite Brücke über die Alster errichtet; sie hat eine 60 m weite Mittelöffnung und zwei 14 m weite seitliche Durchgänge (Bild 223 und 225). Die Brücke wurde am 30. 4. 1953 durch den Ersten Bürgermeister Max Brauer im Beisein von Bundespräsident Theodor Heuss (Bild 224) für den Verkehr freigegeben. Die zweite Lombardsbrücke erhielt 1966 den Namen Kennedybrücke.

◀ 220, 221, 222

223, 224, 225

Östlicher Wallring

Von 1864 – 1866 wurde die Verbindungsbahn vom Berliner Bahnhof in Richtung Altona gebaut.
Die wesentlichsten Gleisanlagen des Nord-Süd-Eisenbahnverkehrs liegen in dem Gebiet der ehemaligen Wallgräben. Bild 226: Der alte Klostertorbahnhof 1903, im Hintergrund ist bereits die weite Halle des Hauptbahnhofes zu sehen. Bild 227, eine Luftaufnahme von 1929 vom 1906 fertiggestellten Hauptbahnhof mit seiner

Umgebung. Im Vordergrund die Mönckebergstraße mit dem Zoologischen Museum und davor an der Ekke Steinstraße die von Ingenieur W. Lindley 1853 erbaute Bade- und Waschanstalt. Im Hintergrund der Stadtteil St. Georg. Bild 228 zeigt den Hamburger Hauptbahnhof in den letzten Jahren des Krieges.
Bild 229 (Seite 85): Der östliche Wallring heute. Der Hauptbahnhof mit Glockengießerwall, Steintorwall, Klosterwall sowie dem 1964 – 1966 erbauten rd. 850 m langen Wallring-Straßentunnel.

226, 227, 228 *229* ▶

230 Der Deichtorplatz 1930, mit dem zentralen Großmarkt für Gemüse, Obst und Blumen. 1911 – 1912 wurden die beiden Markthallen gebaut. Hier stand 1842 bis 1903 der Berliner Bahnhof (Bild 27).

231 Nachdem 1963 der Obst- und Gemüsemarkt in die Großmarkthalle in Hammerbrook verlegt war, wurde der Deichtorplatz entsprechend der verkehrlichen Situation mit einem Ost-West-Straßentunnel ausgebaut.

232 *Luftbild des östlichen Teils des Wallringes mit dem mittleren und östlichen Teil der Innenstadt.*

(A) Außenalster	(5) Jungfernstieg	(12) Hauptbahnhof
(B) Binnenalster	(6) Ballindamm	(13) Museum für Kunst und Gewerbe
(C) Alsterfleet und Kleine Alster	(7) Ferdinandstor	(14) Deichtorplatz
(D) Nikolaifleet	(8) An der Alster	(15) Ost-West-Straße
(1) Esplanade	(9) Alte und neue Kunsthalle (1868 und	(16) Domstraße
(2) Lombardsbrücke	1917)	(17) Rathausmarkt
(3) Kennedybrücke	(10) Glockengießer – Steintorwall	(18) Mönckebergstraße
(4) Neuer Jungfernstieg	(11) Klosterwall	(19) Steinstraße

233 Der Stadtteil St. Pauli von den St.-Pauli-Landungsbrücken bis zur Reeperbahn, Luftaufnahme 1937. Rechts im Bild die 1881 erbaute Deutsche Seewarte und die Helgoländer Allee mit der Kersten-Miles-Brücke, links davon die Sylter Allee, sie wurde 1947 einschließlich der Simon-von-Utrecht-Brücke mit Trümmermassen zugeschüttet (vgl. Bild 245).

St. Pauli

234 Blick über das ehemalige Ballhaus „Trichter" auf die Nordseite der Reeperbahn mit dem „Neuen Operettentheater" (Volksoper), dem Restaurant „Ostermann", dem Tanz-Café „Heinze" und dem Ufa-Millerntor-Kino, 1939.

235 Neues Operettentheater (Volksoper), erbaut 1885.

236 Die Volksoper brannte 1943 völlig aus.

237 Café „Heinze" und das Ufa-Kino am Millerntor/Ecke Reeperbahn.

238 Auf der von den Gebäudetrümmern geräumten Fläche Reeperbahn/Millerntor entstand ein Büro-Hochhaus mit Geschäften und einem Restaurant.

239 Die Reeperbahn 1939; hier Café „Lausen" und „Liliput".

240 1943 ausgebrannte Gebäude an der Reeperbahn (vgl. 239).

241 (unten) Dieser Reeperbahnabschnitt heute; die Straße erhielt Doppel-Baumreihen.

242 Das Ballhaus „Trichter" am östlichen Ende der Reeperbahn etwa um die Jahrhundertwende. 1805 wurde an dieser Stelle ein kleiner Erfrischungspavillon mit einem trichterförmigen Dach errichtet, der im Volksmund die Bezeichnung „Der Trichter" erhielt. Nachdem der Pavillon abbrannte, wurde an gleicher Stelle ein luxuriöses Etablissement errichtet. Das Dach über dem großen, runden und mit Logen ausgestatteten Ballsaal erhielt wiederum die Form eines allerdings sehr viel größeren Trichters. Das Ballhaus „Trichter" war insbesondere vor dem Ersten Weltkrieg, aber auch noch in den 20er/30er Jahren, jedoch mehr als „Revuepalast", international bekannt.

243 Der „Trichter" aus der Vogelperspektive von Norden gesehen (etwa 1938/39). An der Ecke Reeperbahn/Zirkusweg waren das Kino „Schauburg St. Pauli" und daneben vom „Trichter" zur Reeperbahn vorgezogene Restaurationsräume entstanden. Rechts im Bild, in dem am Spielbudenplatz gelegenen Gebäude, ist nach dem Krieg das Operettenhaus neu erstanden.

244 In den Kriegsjahren brannte die Restauration „Trichter" und die „Schauburg" aus. Das trichterförmige Dach mußte später abgetragen werden. Heute stehen auf der Trichterfläche eine Bowlingbahn und andere Geschäfte (s. Bild 245).

245   Ein Luftbild vom Hafen aus über die Norderelbe auf das heutige Gebiet von St. Pauli (vgl. Bild 233). Links auf dem Nordufer der Norderelbe das Eingangs-/Ausgangsbauwerk des 1906–1911 erbauten, rd. 450 m langen Elbtunnels (s. Bild 45). Am Nordufer die 1912 fertiggestellten St.-Pauli-Landungsbrücken mit dem Uhrturm und den typischen Kuppelgebäuden. Die Landungsbrücken selbst (später nach Osten verlängert) sind Schwimmpontons, die über Brücken mit dem Ufer verbunden sind.

Hammerbrook

246 Hammerbrook 1945. Das Niederungsgebiet Hammerbrook östlich der Innenstadt wurde nach den Plänen von W. Lindley ab Mitte des vorigen Jahrhunderts durch zahlreiche Kanäle und Schleusen trockengelegt, Straßen und Brücken wurden angelegt, und das Gebiet wurde als Wohn- und Gewerbegebiet bebaut. 1943 wurde Hammerbrook nahezu völlig zerstört. Nach 1945 wurde das Gebiet – nach dem Sprengen der Gebäudereste – mit Trümmerschutt um rd. 3 m aufgehöht, einige Kanäle sowie der alte Deichhafen zugeschüttet und die Planung für eine neue Bebauung aufgestellt.

(1) Spaldingstraße
(2) Banksstraße
(3) Amsinckstraße
(4) Süderstraße
(5) Nagelsweg
(6) Hammerbrookstraße
(7) Heidenkampsweg
(8) Nordkanal, zugeschüttet
(9) Sonninkanal, z. T. zugeschüttet
(10) Lübeckerkanal, zugeschüttet

(11) Viktoriakanal, zugeschüttet
(12) Gustavkanal, zugeschüttet
(13) Mittelkanal
(14) Hochwasserbassin
(15) Südkanal, z. T. zugeschüttet
(16) Bankskanal, zugeschüttet
(17) Kammerkanal, zugeschüttet
(18) 1. Hammerbrookschleuse
(19) 2. Hammerbrookschleuse, zugeschüttet
(20) Oberhafen
(21) Deichhafen, zugeschüttet
(22) Brandshoferschleusen
(23) Bille

247 Das Gebiet von Hammerbrook wurde 1943 so stark zerstört, daß der Stadtteil
zum Sperrgebiet erklärt werden mußte und
mit einer Mauer aus Trümmersteinen um-
schlossen wurde. Im Bild (247) ist rechts die
Sperrmauer im Nagelsweg zu erkennen.

248   Eine Luftschrägaufnahme von Hammerbrook 1957. Im Vordergrund die Eisenbahnanlagen und der Oberhafen, dahinter
das südliche Hammerbrookgebiet, links der
Mittelkanal. Die Trümmerräumung ist abgeschlossen. Der Deichhafen, der Kammerkanal, der Bankskanal, die 2. Hammerbrookschleuse und der südliche Abschnitt des
Südkanals sind schon zum größten Teil mit
Trümmermassen verfüllt. Die ersten Aufbauarbeiten beginnen. Die neue Ufermauer
am Oberhafen für den neuen Obst- und
Gemüsegroßmarkt ist im Bereich des ehemaligen Deichhafens im Bau. Auf der linken,
westlichen zukünftigen Großmarktfläche ist
bereits die Veiling – eine Versteigerungshal-
le – mit ihren Außenflächen und La-
gerhallen entstanden. Im Hintergrund des
Bildes das von den Trümmern geräumte
Hammerbrook; einzelne z. T. provisorisch
instandgesetzte bzw. notdürftig gesicherte
Gebäude ragen aus der „toten" Fläche heraus.

249 Vor der Zerstörung Hammerbrooks verlief etwa in Nord-Süd-Richtung die Hochbahnstrecke vom Hauptbahnhof nach Rothenburgsort auf einem eisernen Viadukt im Zuge des Nagelsweges durch Hammerbrook mit den Stationen Spaldingstraße (s. Bild 249), Süderstraße, Brückenstraße und Rothenburgsort. Die von der Hochbahn-Ringlinie abzweigende Hammerbrookstrecke ist ebenfalls – wie der „Ring" – 1912 fertiggestellt worden.

250 Ein Blick auf die Hochbahnstrecke im Nagelsweg sowie auf die Wohnbebauung am Nagelsweg 1939. Rechts im Bild der Mittelkanal mit der Norderquaistraße; im Hintergrund die St. Annenkirche in der Hammerbrookstraße/Ecke Norderquaistraße. Zwischen den Eisenbahngleisen und dem Schuppen im Vordergrund liegt der Lübeckerkanal.

251 Von der Sonninstraße aus ein Blick auf den Mittelkanal mit den zahlreichen Eisenbahn- und Straßenbrücken, 1939. Links im Bild der Lübeckerkanal, der rechts z. T. von dem Güterschuppen überbaut ist. Rechts im Bild diagonal die Lippeltstraße mit ihrer Fortsetzung Süderquaistraße. In der Mitte des Bildes der Hochbahnviadukt im Nagelsweg.

252   Blick von dem höhergelegenen Gee-
strand hinweg über die Norderstraße und
die Eisenbahnstrecke Hauptbahnhof – Berliner Tor nach Süden in das Gebiet von
Hammerbrook, etwa im Jahr 1945/46. Die
durch Bomben zerstörte Hochbahnstrecke
und die Haltestelle Spaldingstraße sowie
auch die anderen Haltestellen wurden abgebrochen.

253   Der durch Bomben 1943 zerstörte
Hochbahnviadukt im Nagelsweg. Von der
Wohnbebauung ist nichts übriggeblieben.

254   Ein heutiger Blick aus einem neuen
Gebäude am Nagelsweg auf den mit einer
Promenade ausgebauten Mittelkanal. An
diesem Kanalabschnitt sind ab 1985/87
neue Gewerbeanlagen und Büros entstanden (Siehe Bild 269). Im Hintergrund des
Bildes die 1984 in Betrieb genommene
hochliegende S-Bahn-Strecke Hamburg-
Harburg mit dem neuen Bahnhof Hammerbrook. Der S-Bahn-Viadukt ist eine Spann-
betonkonstruktion mit großen Stützweiten.
Der Überbau ist farblich gestaltet. Hinter
der S-Bahn-Strecke die neue Bebauung des
östlichen Hammerbrookgebietes.

255 Die Hammerbrookstraße 1939, etwa von der Kreuzung mit der Süderstraße in Richtung Norden gesehen; hinten links die St. Annenkirche.

256 Die Hammerbrookstraße 1945, vorne rechts die Sachsenstraße, dahinter die Wendenstraße, links die Ruine der St. Annenkirche.

257 Die Hammerbrookstraße heute mit der hochliegenden S-Bahn-Haltestelle Hammerbrook. Rechts von der S-Bahn-Strecke die Neubauten des östlichen Hammerbrookgebietes.

258 Am Heidenkampsweg Ecke Süderstraße, 1939.

259 (oben rechts) Die zerstörte Wohnbebauung des Heidenkampsweges 1943 (von der Hammerbrookstraße gesehen).

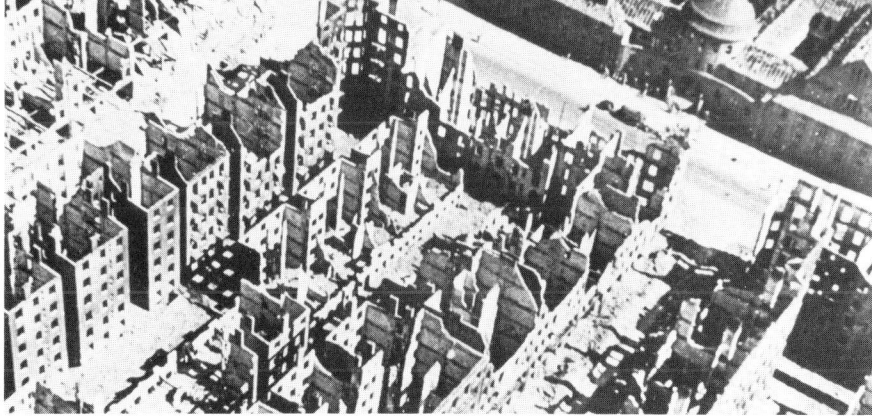

260 Blick auf die Ruinen am Heidenkampsweg im Bereich der Badeanstalt Ecke Süderstraße; vorne rechts die Thüringer Straße.

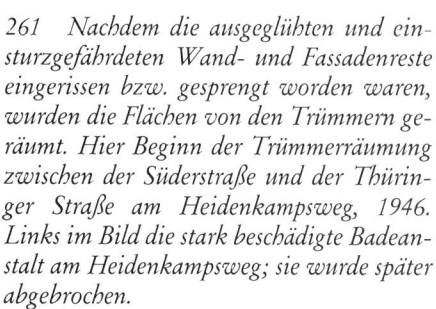

261 Nachdem die ausgeglühten und einsturzgefährdeten Wand- und Fassadenreste eingerissen bzw. gesprengt worden waren, wurden die Flächen von den Trümmern geräumt. Hier Beginn der Trümmerräumung zwischen der Süderstraße und der Thüringer Straße am Heidenkampsweg, 1946. Links im Bild die stark beschädigte Badeanstalt am Heidenkampsweg; sie wurde später abgebrochen.

262 Eine Luftschrägaufnahme vom südlichen Teil des Hammerbrookgebietes von Südosten gesehen, 1957. Vorn im Bild der Bau der neuen Ufermauer am Oberhafen für den neuen Obst- und Gemüsegroßmarkt im Bereich des ehemaligen Deichhafens, der noch am Verlauf der alten Straße „Stadtdeich" zu erkennen ist.

263 Großmarkt Hammerbrook. Der heutige Obst- und Gemüse- sowie Blumengroßmarkt auf dem südlichen Hammerbrookgebiet am Oberhafen von Osten gesehen. Im Hintergrund die Innenstadt.

264   Die 220 × 180 m große dreischiffige Obst- und Gemüsegroßmarkthalle wurde 1958 – 1963 ausgeführt. Die im Abstand von 20 m angeordneten Hallen-Bogenbinder haben eine Spannweite von je 48 m. Die Stahlbetonkonstruktion ist auf rd. 3000 Pfählen tief gegründet. Die rd. 40 000 qm große Halle wird von drei hohen Glasbändern belichtet. Die Halle ist voll unterkellert; im Süden der Halle sind Marktbüros.

265   Für den Blumengroßmarkt ist 1984 auf der Nordseite der Großmarkthalle der 220 × 60 m große Hallenanbau fertiggestellt worden. Im Hallenkeller sind Lagerräume und Kfz-Stellplätze.

266   Noch einmal ein Blick auf das alte Hammerbrook von Osten gesehen (vor 1939). In der Mitte des Bildes verlaufen diagonal das Hochwasserbassin und dahinter der Heidenkampsweg mit der Badeanstalt an der Ecke Süderstraße. Vorn im Bild links unten die Basedowstraße, parallel dazu der Bullerdeich und der Brackdamm sowie weiter nördlich die Süderstraße; dazwischen die Campe- und Robinsonstraße.

267   Das 1943 zerstörte Wohngebiet Basedowstraße / Buller-deich / Salzmannstraße.

268   Das 1943 zerstörte Wohngebiet Bullerdeich – Brackdamm / Ausschlägerweg / Süderstraße / Campestraße.

269   Luftbild von der neuen Bebauung in Hammerbrook. Im oberen Teil des Bildes der Stadtteil St. Georg, die Außenalster, links ein
Teil der Innenstadt, und hinter der Außenalster der Stadtteil Harvestehude.

(1) Nagelsweg
(2) Hammerbrookstraße
(3) Heidenkampsweg
(4) Anckelmannsplatz
(5) Hochwasserbassin

(6) Mittelkanal
(7) Südkanal
(8) Berliner Tor
(9) St.-Georg
(10) Hauptbahnhof

(11) Außenalster
(S) S-Bahnstation
      Hammerbrook
      der S-Bahnlinie
      Hamburg-Harburg

Rothenburgsort

270 Der Billhorner Röhrendamm von der Ecke Billhorner Brückenstraße in Richtung Westen gesehen (1939).

271 Die Billhorner Brückenstraße von der Ecke Röhrendamm nach Süden (Norderelbbrücke) gesehen (1939).

272 Die Billhorner Brückenstraße Richtung Norden (1943)

273 Der Billhorner Röhrendamm, Ecke Reginenstraße, 1943.

274 Die Kreuzung Brückenstraße / Röhrendamm nach der Trümmerräumung, etwa 1952.

275 Der kreuzungsfreie Ausbau Brückenstraße / Röhrendamm (1958 – 1962).

Borgfelde

276 Ausschlägerweg in Richtung Borgfelderstraße gesehen, kurz vor der Einmündung der Anckelmannstraße (1939).

277 Die gleiche Aufnahme (wie 276) heute, neue Wohnbebauung auf dem Geesthang der Borgfelderstraße und im Ausschlägerweg.

278 Die Wohnbebauung der Anckelmannstraße, 1939.

279 Die Gewerbebebauung der Anckelmannstraße heute.

280 Die Eiffestraße westlich der Kreuzung Ausschlägerweg, 1939, mit der Kirche der Katholisch-Apostolischen Gemeinde.

281 An der Stelle der Kirche steht heute die Staatl. Gewerbeschule für Fertigung und Flugzeugbau.

Hamm

282 Die Hammer-Landstraße in Richtung Osten gesehen (1939).

283 (Mitte rechts) Das von den Trüm-
mern geräumte Gelände im Bereich Ham-
mer-Landstraße / Sievekingdamm, Karl-
Petersen-Straße und Landwehr (heute
Burgstraße), etwa 1952/53. An der Ecke
Sievekingdamm / Hammer-Landstraße die
Trümmer-Umschlag- und -Aufbereitungs-
anlage „Thörlspark" (Bildmitte).

286 (rechts unten) Das Gebiet Hammer-
Landstraße / Sievekingdamm / Burgstraße
mit U-Bahn-Station und „Thörlspark".

284 Die Trümmerbahn im Trümmerfeld.

285 Die Trümmer-Umschlag- und Aufbe-
reitungsanlage „Thörlspark".

287 Luftbild aus dem Jahr 1929. Es zeigt die Wohnbebauung zwischen der Eiffestraße (unten links), der Diagonalstraße (von der Eiffestraße schräg nach Norden abzweigend), dem parallel zur Eiffestraße verlaufenden Dobblersweg und dahinter den Droopsweg sowie rechts den Hübbesweg.

288 Die ausgebrannten Ruinen der Wohnhäuser an der Diagonalstraße (parallel zum unteren Bildrand), des Dobblersweges (im Bild rechts), des Droopsweges (Bildmitte) und des Hübbesweges (am oberen Bildrand) im Jahr 1943.

289 Die wiederaufgebaute Diagonalstraße von der Ecke Dobblersweg in Richtung Norden gesehen. Im Hintergrund der Turm der Dreifaltigkeitskirche in Hamm.

Finkenwerder

(290, 291, 292, 293), die Heimat von
Gorch Fock, wurde 1236 urkundlich zum
erstenmal als „Vinkenwärder" erwähnt.
Der Stadtteil Finkenwerder liegt im Westen
des Bezirkes Hamburg-Mitte, einst ein In-
selgebiet zwischen Norder- und Süderelbe
und geprägt durch die Elb- und Nordsee-
fischerei. Die Finkenwerder Fischkutter
sind auch heute noch ein Symbol für diesen
Ortsteil, (s. Bild 292). Durch die Abdämmung der Süderelbe von der Norderelbe mit
einem hohen Seedeich im Rahmen der
Hochwasserschutzmaßnahmen nach 1962
ist Finkenwerder keine Insel mehr. Die
Struktur des Stadtteils hat sich durch neue
Wohnsiedlungen wie durch Industrean-
siedlungen verändert (s. Seite 107). Das alte
Kerngebiet von Finkenwerder wie z. B.
Steendiek (Bild 290) und Müggenburg
(Bild 291) hat sich nur wenig verändert.
Die Zufahrt von der Norderelbe nach Finkenwerder ist das Köhlfleet (Bild 293).
1939 lag auf der Westseite der Köhlfleetein-
fahrt noch das Schulschiff „Großherzogin
Elisabeth". Auf der Ostseite der Köhlfleet-
einfahrt lag damals wie heute die Lotsensta-
tion Finkenwerder. Im Hintergrund des
Bildes 293 das Nordufer der Elbe bei Teu-
felsbrück.

294 Die alte Finkenwerder Straße, allgemein „Pappelallee" genannt (1939).

295 Auf dem Gelände der alten Finkenwerder Straße wurde das Aluminiumwerk Reynolds errichtet.

296 Gegen Ende der 30er Jahre entstand auf Finkenwerder die Flugzeugwerft von Blohm und Voß. Hier wurden überwiegend Flugboote hergestellt (Bild 296 von 1957).

297 Heute hat sich die Flugzeugwerft zur Luft- und Raumfahrtfirma Messerschmitt-Bölkow-Blohm (MBB) entwickelt. Hier werden Teile des Airbus-Programms produziert. Nach Abdämmung der Süderelbe konnte die Start- und Landebahn auf 2000 m verlängert werden (s. Bild 297, oben rechts). Neue Wohnsiedlungen im Bild 297 oben links.

Bezirk Altona

mit den Stadtteilen: Altona-Altstadt, Altona-Nord, Ottensen, Bahrenfeld, Groß-Flottbek, Othmarschen, Lurup, Osdorf, Nienstedten, Blankenese, Iserbrook, Sülldorf, Rissen.

Fläche: 7754 ha

Einwohner: 225 670

Die Entwicklung der Stadt Altona

Altona entstand 1535. 1640 kam Altona unter dänische Herrschaft, und 1864 wurde Altona eine preußische Stadt. Ab 1890 vergrößerte sich die Stadt nach Westen durch Eingemeindung von Ottensen, Othmarschen, Bahrenfeld und Övelgönne. Nach 1918 weitere Vergrößerung durch Landgemeinden wie Elbrandgebiete, Groß- und Klein-Flottbek, Nienstedten, Blankenese, Sülldorf, Rissen sowie Osdorf, Lurup, Stellingen-Langenfelde und Eidelstedt. Altona wurde damit die größte Stadt Schleswig-Holsteins. 1937 kam Altona zu Hamburg.

298   Das Gebiet des Bezirksamtes Altona

299   Plan der Stadt Altona von 1736

(1) Altes Rathaus
(2) Hauptkirche St. Trinitatis
(3) Königstraße
(4) Palmaille
(5) Altonaer Häfen
(6) Heutiger Ort, Neues Rathaus
(7) Flottbeker Christianskirche
(8) Flottbeker Elbchaussee
(9) Neumühlen-Övelgönne
(10) Markt- (Ehrenberg-)straße
(11) Heutiger Ort, Bahnhof Altona
(12) Große Bergstraße
(13) Große Freiheit
(14) Grenze Altona-Hamburg
(15) Reeperbahn

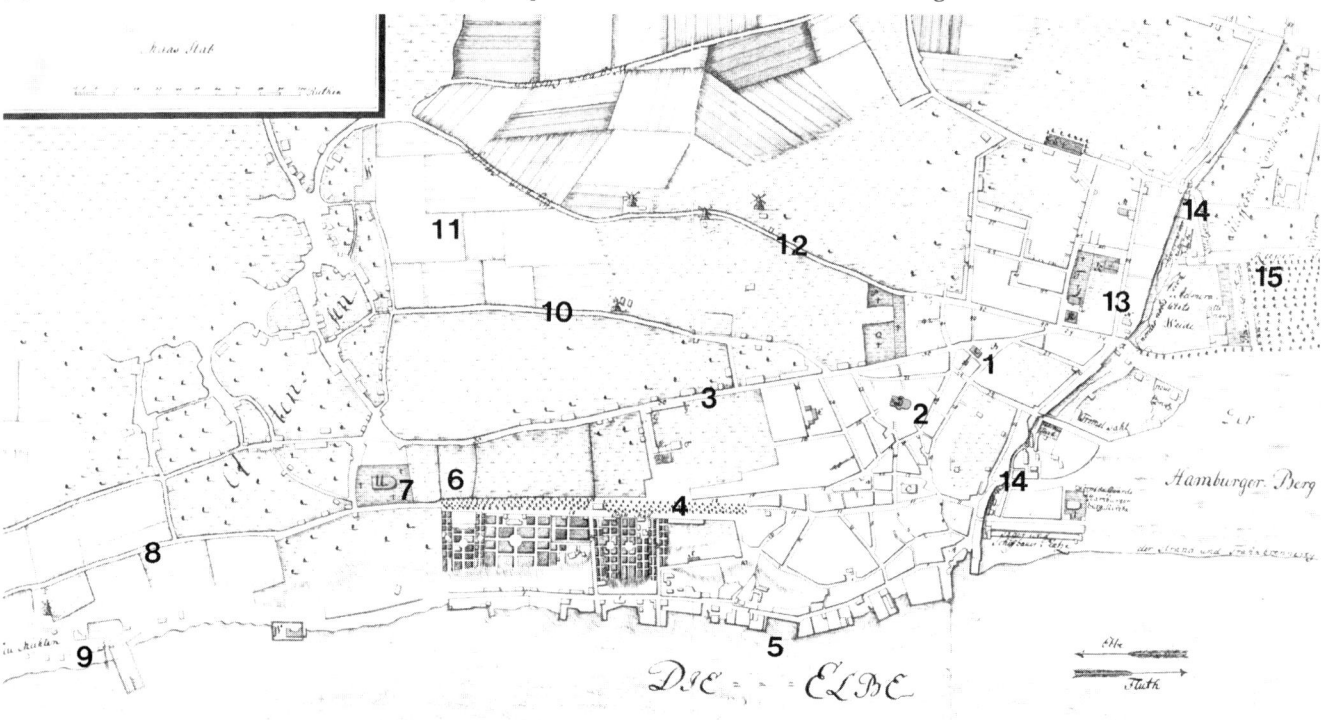

300   Altona-Altstadt 1937; das Neue Rathaus, Königstraße und Palmaille, rechts die Norderelbe.

301   Blick vom Turm St. Trinitatis über das Altonaer Altstadtgebiet auf Norderelbe und Hafen mit „Cap Arcona", 1939.

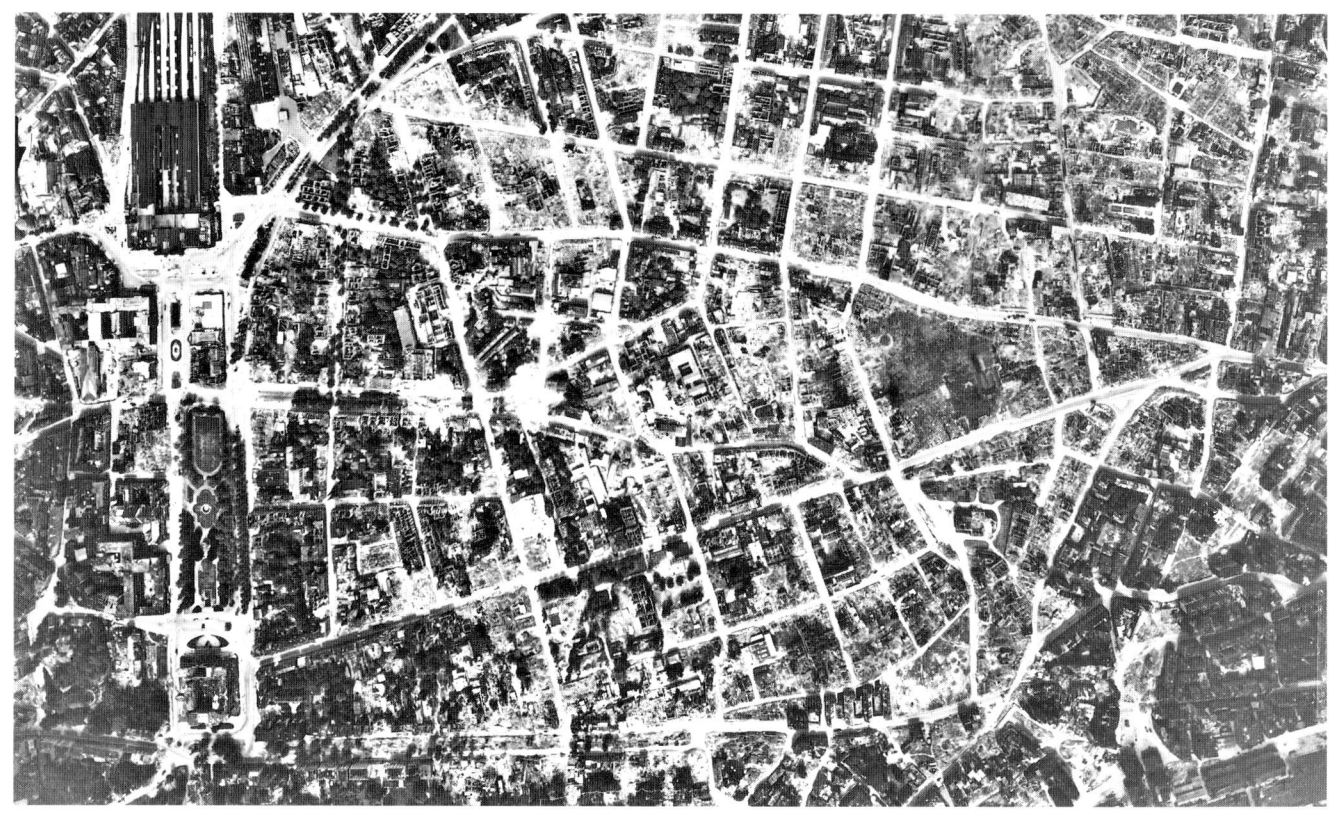

302   Die Zerstörung der Altonaer Altstadt (1945). Links: Neues Rathaus, Bahnhof Altona. In Bildmitte: Palmaille, Königstraße, Große Bergstraße und am Bildrand rechts die Altona-Hamburger Grenze (rechts unten St.-Pauli-Fischmarkt – s. Bild 314 und 316).

303   Das Gebiet der Altonaer Altstadt nach dem Wiederaufbau. Etwa gleicher Bildausschnitt wie Bild 302.

Das alte Altonaer Rathaus

Mit nur wenigen Schritten westlich
des Nobistors, der früheren Ham-
burg-Altonaer Grenze, gelangte man
vor 1937 auf den Altonaer Rathausmarkt mit dem alten Rathaus. Es ist
Anfang des 18. Jahrhunderts erbaut
worden. Das alte Zentrum von Altona
lag „All zu nah" (bei Hamburg); dar-
aus soll auch der Stadtname „Al-to-
na" entstanden sein. Auf dem Bild
(304) des alten Rathauses um 1896
wartet die Droschke wohl auf einen
Rathausbesucher, und vor dem Rathaus fährt die „Elektrische" (Straßenbahn), wegen des gewölbten Wagen-
daches im Volksmund auch als „Chi-
nesenbahn" benannt.

306 (unter Bild 305) Zerschellt liegt die
Glocke des Türmchens vom alten Rathaus
am Rand der Trümmermassen.

304   Das alte Altonaer Rathaus, etwa 1896.

305   Die Ruine des alten Altonaer Rathauses (1943), rechts die
Königstraße.

307   An der Stelle des alten Altonaer Rathauses entstand ein
Wohn-Hochhaus.

Die Altonaer Hauptkirche St. Trinitatis

308 (oben links) Die Altonaer Hauptkirche St. Trinitatis von der Kleinen Mühlenstraße (heute Struenseestraße) gesehen (1939). Die erste Kirche wurde an dieser Stelle 1650 erbaut. Sie wurde laufend erweitert. 1688 – 1694 baute Jacob Bläser den Turm neu in barocker Form. Cai Dose schuf 1742/43 ein neues Kirchenschiff. 1897 wurde die Turmfassade erneuert.

309 (links) Der gleiche Blick wie 308, jedoch nun auf die Ruine der 1943 zerstörten Altonaer Hauptkirche.

310 (oben) Die Altonaer Hauptkirche St. Trinitatis (Blickrichtung wie 308) ist von 1952 bis 1969 in Anlehnung an die von Bläser/Dose gebaute Kirche wieder aufgebaut worden. Der innere Kirchenraum ist neuzeitlich gestaltet.

311   St. Trinitatis von Süden von der Kir-
chenstraße her gesehen (1939).

312   (rechts) Eine Aufnahme vom gleichen
Standort wie 311, jedoch 1943.

313   (oben rechts) Von Süden her kommt
heute die schöne wiederhergestellte Altonaer
Hauptkirche besonders gut zur Wirkung
(s. Bild 316).

St. Pauli Fischmarkt

314   Luftbild vom St. Pauli Fischmarkt in Altona, 1937. Beim Schiffsanleger die 1898 erbaute Fischmarkthalle und rechts dahinter der Fischmarkt. Im oberen Teil des Bildes 314 die Altonaer Hauptkirche; rechts davon ist das Türmchen des alten Rathauses zu erkennen. Nördlich der Hauptkirche der jüdische Friedhof an der Königstraße.

315   Die Große Johannisstraße 1943; sie lag nördlich des alten Altonaer Rathauses.

316 Die Umgebung des St.-Pauli-Fischmarktes heute. Vorn an der Ufermauer die wiederhergestellte Fischmarkthalle (s. u.), dahinter die Große Elbstraße. Rechts im Bild die wiederhergestellte Randbebauung des St.-Pauli-Fischmarktes; dahinter die ausgebaute Breite Straße (Verbindung Palmaille – Uferrandstraße mit neuer Hochwasserschutzmauer am rechten Bildrand). Nördlich der Breiten Straße, links Wohnbauten (Sanierungen 1937 und 1950), rechts davon die im alten Stil wiederhergestellte Altonaer Hauptkirche St. Trinitatis und weiter rechts die 1971 – 1974 erbaute Wohnsiedlung „Hexenberg".

317/318 Die rund hundert Jahre alte, 103 m lange Fischmarkthalle vor und nach der Wiederherstellung.

Die Königstraße

319   Die Gebäudeecke Königstraße / Mörkenstraße, 1939.

320   Die Straßenecke Königstraße / Mörkenstraße, 1945.

321   Die gleiche Aufnahme wie 320, jedoch heute.

322   Der jüdische Friedhof an der Königstraße blieb von Bomben nicht verschont. ▶

323   Die Kleine Bergstraße, 1943. ▶

324   Das neubebaute Gebiet um die Altonaer Hauptkirche herum. Nördlich der verbreiterten Königstraße die wiederhergestellten Grünanlagen des jüdischen Friedhofs; rechts davon Kinder-Spielplatz und Grünanlage an der Kleinen Bergstraße. ▶

325 Das Schulgebiet (Schlee-Schule) zwischen der Königstraße (links unten) und der Struenseestraße (rechts). Links unten im Bild das Altonaer Stadttheater, rechts die Heiligen-Geist-Kapelle (1937).

326 Die Heiligen-Geist-Kapelle, erbaut 1713. Die Kapelle war der übriggebliebene Mittelbau des ehemaligen großen Reventlow-Stiftes. 1943 fiel dieser letzte Teil des Stiftes in Schutt und Asche.

118

Die Palmaille

327 Palmaille / Ecke Behnstraße, 1945. Hinter der Behnstraße die Trümmer der Schlee-Schule und die der Heiligen-Geist-Kapelle. In diesem Abschnitt der Palmaille sind auch die elbseitigen Häuser zerstört worden. Jedoch sind eine Reihe von klassizistischen Wohnhäusern in der Palmaille erhalten geblieben.

328 Luftaufnahme auf die Palmaille, Behnstraße, Königstraße und Struenseestraße nach dem Wiederaufbau. Die Häuser Ecke Palmaille/Behnstraße sind erhalten geblieben (s. Bild 327). Auf dem ehemaligen Schulgelände sind neue Schulgebäude errichtet worden.

329   Der ehemalige Altona-Kieler-Bahnhof, an der Palmaille, erbaut 1844.

330   Der neue Hauptbahnhof Altona, erbaut 1896 – 1898.

331   1943 wurden der Bahnhof Altona, der „Kaiserhof" und der Stuhlmann-Brunnen stark beschädigt.

332   Luftaufnahme vom „Platz der Republik", vorn das Neue Rathaus (Bezirksamt), links „Haus der Jugend", Altonaer Museum und die Bundesbahndirektion Hamburg. Im Hintergrund der neue Bahnhof Altona mit Kaufhaus und davor ein Büro-Hochhaus (heute).

Der Bahnhof Altona

1844 wurde die Eisenbahnstrecke Altona-Kiel eröffnet. Der Bahnhof Altona stand an der Palmaille (Bild 329). Ab 1866 war dieser Bahnhof auch Endstation der Verbindungsbahn Hamburg-Altona, 1867 wurde diese Strecke von Altona nach Blankenese verlängert. 1896/98 wurde rd. 600 m nördlich des Altona-Kieler-Bahnhofs der neue Hauptbahnhof Altona errichtet (Bild 330). Der alte Bahnhof wurde zum Neuen Rathaus um- und ausgebaut (Bild 332 unten). Die ehemalige Bahnstrecke zwischen dem Neuen Rathaus und dem Hauptbahnhof wurde zu einem großen Schmuckplatz gestaltet. An diesem Platz entstanden das Dienstgebäude der Reichsbahn, das Gesellschaftshaus „Kaiserhof" und dazwischen der „Stuhlmann-Brunnen"; an der Westseite das Altonaer Museum und das „Haus der Jugend" (1927, Entwurf Professor Gustav Oelsner). Im Krieg wurden der Hauptbahnhof Altona und die anderen Gebäude am Platz der Republik erheblich beschädigt bzw. zerstört (Bild 331). Heute sind die Gebäude am „Platz der Republik" wiederhergestellt bzw. neugebaut worden (Bild 332, 333).

333   Blick über den neugestalteten Bahnhofsvorplatz und den alten Stuhlmann-Brunnen auf den Bahnhof Altona (links) und auf das Kaufhaus. Hinter dem Stuhlmann-Brunnen der kreuzungsfreie Zugang zum Bahnhof (Passage unter dem Vorplatz und dem Omnibusbahnhof).

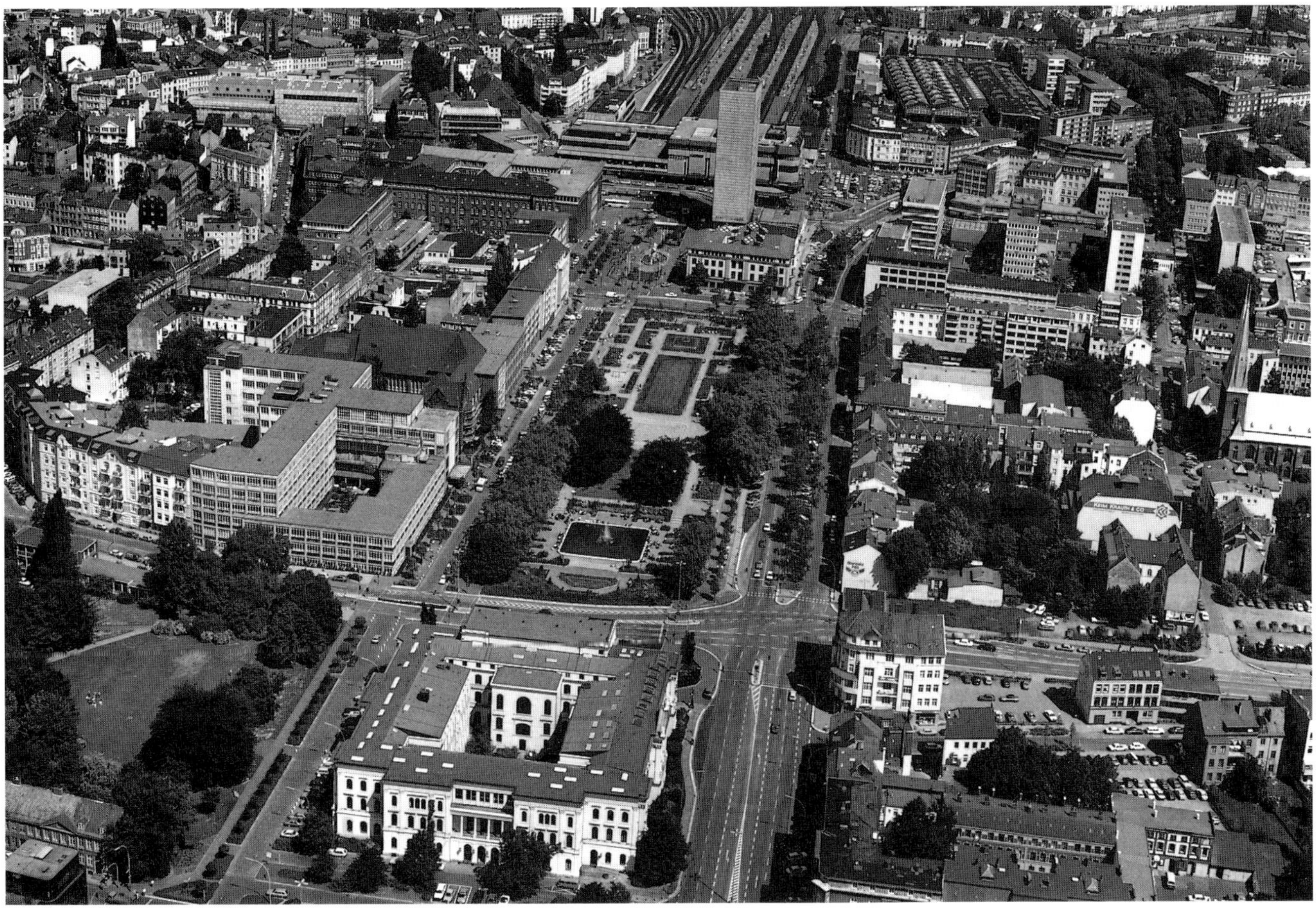

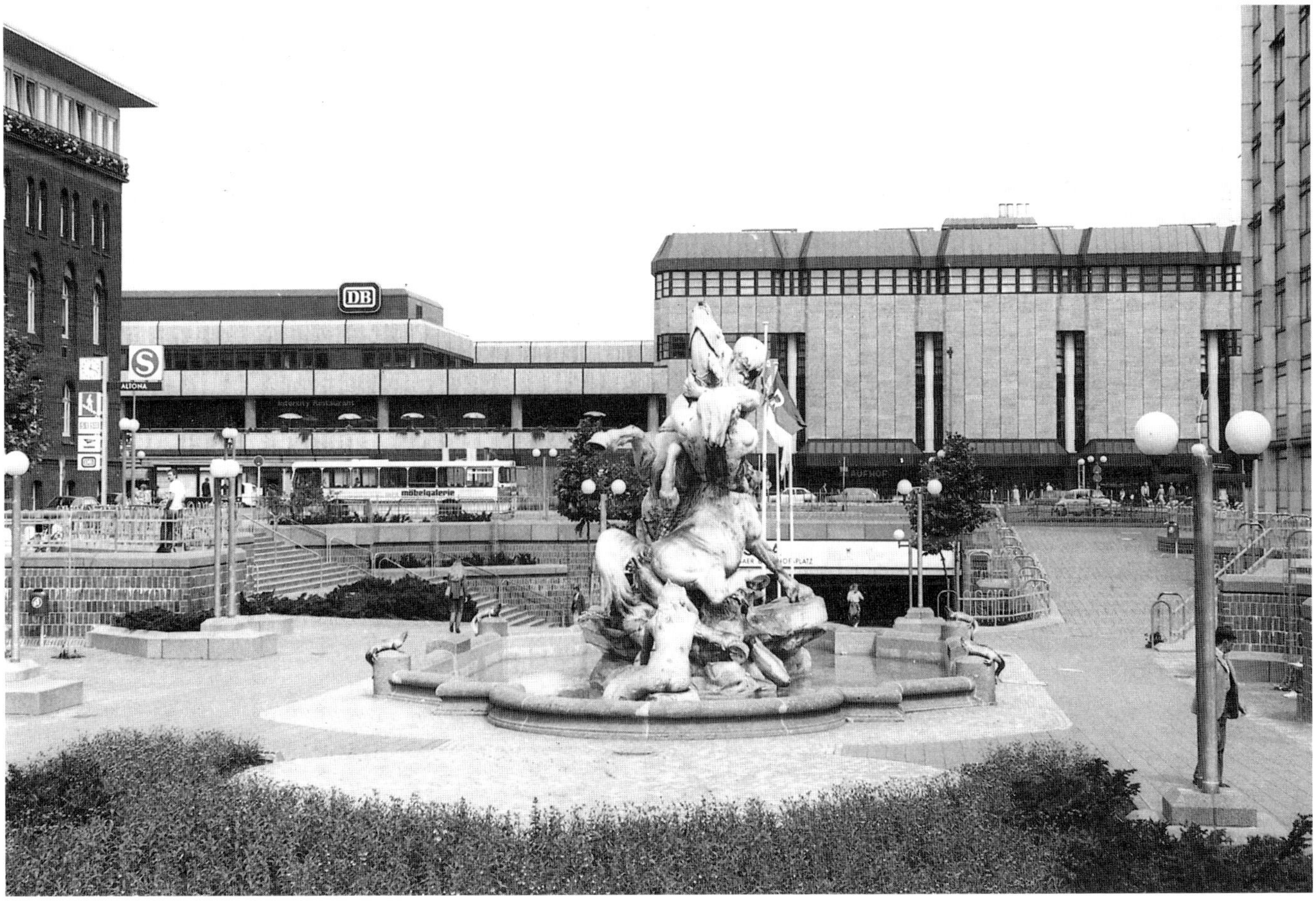
DB
S
ALTONA
möbelgalerie

Övelgönne – Neumühlen

334 Eine Luftaufnahme von Neumühlen und Övelgönne am Nordufer der Elbe etwa in der Zeit von 1930. Rechts im Bild das 1926 erbaute Kühlhaus Union, davor zwei kleine Hafenbecken, die Landungsbrücke Neumühlen und der Strand vor Övelgönne. Mitte der 20er Jahre konnte hier noch gebadet werden. Die vielen vor Anker liegenden Segelboote kennzeichnen das Elb-Segelrevier Övelgönne. Die Bootsvermieter Wientapper, Hellmers, Ungetüm und Lührs hielten Ruder- und Segelboote zum Anmieten bereit. Nördlich des Strandes, am Fuße des rd. 30 m hohen Elbhanges, reihte sich eine Restauration an die andere – Treffpunkt von Jung und Alt in jener Zeit.

335 Eine Luftaufnahme auf die Straßenkehre an der Neumühlener Landungsbrücke, dahinter das „Neumühlener Fährhaus", links von der Brücke das „Övelgönner Fährhaus" (unter Bäumen) und das „Fischerhaus".

336   Im Krieg und in der ersten Nachkriegszeit wurden die durch Bomben zerstörten kleineren Schiffe an den Strand vor Övelgönne gezogen und dort später verschrottet.

337   Bomben zerschlugen das „Fischerhaus" in Övelgönne (s. Bild 335, links).

338   Das Elbufer bei Övelgönne – Neumühlen 1967, vor Beginn der Bauarbeiten für den Autobahn-Elbtunnel. Etwa in der Mitte des Bildes verläuft die Elbchaussee.

339   Das Elbufer bei Övelgönne – Neumühlen heute. Der sechsspurige Autobahn-Elbtunnel (BAB A 7) liegt hier etwa 15 m unter dem Wasserspiegel der Elbe; nur die Belüftungsöffnungen sind auf der Strandfläche zu erkennen. Zwischen dem Schiffsanleger und dem unteriridischen Lüfterbauwerk ist ein Museumshafen entstanden, der nun auch auf die Wasserfläche rechts von der Brücke erweitert worden ist. An die Stelle des früheren „Neumühlener" und „Övelgönner Fährhauses" ist ein neuzeitlicher Wohnungsbau getreten.

Der Autobahn-Elbtunnel

Der rd. 3 km lange, sechsspurige, aus drei Tunnelröhren bestehende und rd. 42 m breite Autobahn-Elbtunnel im Zuge der Bundesautobahn A 7 (Flensburg / Hamburg-Bremen / Hannover) wurde von 1968 bis 1975 erbaut.

340 Der Erste Bürgermeister Professor Dr. Herbert Weichmann bei seiner Ansprache auf dem Bauplatz anläßlich des ersten Rammschlages zum Beginn der Bauarbeiten für den Autobahntunnel, am 19. Juni 1968.

341 (rechts oben) Der Oberbaudirektor Professor Dipl.-Ing. Otto Sill erläuterte vor dem ersten Rammschlag das Bauvorhaben zur Untertunnelung der Elbe und bat anschließend den Bundesverkehrsminister Georg Leber, den ersten Rammschlag an der über 30 m hohen Ramme zu vollziehen.

342 Am 10. Januar 1975 wurden zunächst zwei Tunnelröhren durch den Bundeskanzler Helmut Schmidt für den Verkehr freigegeben. Die Verkehrsaufnahme in der dritten Tunnelröhre erfolgte im Mai 1975. In den drei je zweispurigen Tunnelröhren fahren durchschnittlich täglich rd. 95 000 Kraftfahrzeuge; an Spitzentagen sind es über 120 000 Kraftfahrzeuge. Das Bild (342) ist am Tiefpunkt des Tunnels (27 m unter dem Wasserspiegel) aufgenommen. Ein „Pfeil" aus orangefarbenen Kacheln zeigt den Gefällewechsel an.

343 Im Lüfterbauwerk Nord (s. Bild 344) ist die Tunnel-Betriebszentrale; von dieser Zentrale wird der Kraftfahrzeugverkehr geleitet und an 52 Fernsehschirmen Tag und Nacht, werktags wie feiertags, zur Sicherheit der Verkehrsteilnehmer überwacht. Im Notfall wird auch Hilfe geleistet. Die Tunnelbelüftung und -beleuchtung sowie sämtliche Verkehrszeichen im Tunnel werden von hier gesteuert.

344 Luftaufnahme vom heutigen Othmarschen. Links die im Einschnitt liegende Autobahn A 7; im Vordergrund das Lüfterbauwerk Nord und das nördliche Tunnelportal des Autobahn-Elbtunnels. Alle zur Autobahn quer verlaufenden Stadtstraßen erhielten zur Verbindung der Stadtteile Flottbek – Othmarschen Brücken. Neben der Autobahn rechts das ausgebaute Pkw-Parkhaus, davon gegenüber der Behringstraße die Autobahnmeisterei. Rechts im Bild das 1961 – 1971 erbaute Allgemeine Krankenhaus Altona, dahinter neue Wohn-Hochhäuser. Zwischen dem Lüfterbauwerk Nord und dem Krankenhaus Altona die Internationale Schule.

Das Elbufer

345 und 346 Das idyllische Övelgönne am Nordufer der Elbe lädt – wie eh und je – zum Spazieren ein, und die Gedanken gehen mit den ausfahrenden Schiffen in die weite Welt.

347   Der rd. 100 m vom Elbufer aufsteigende Süllberg in Blankenese, 1939.

348   Auf den Hängen des Süllberges ist es in den letzten Jahren
eng geworden.

349   Ein- und ausfahrende Schiffe auf der Elbe bei Blankenese im Winter. Der dichte und z. T. alte Baumbestand auf dem hügeligen
Nordufer der Elbe bei Blankenese läßt im Sommer die dichte Bebauung kaum erkennen; doch der Winter bringt sie an den „Tag".

Bezirk Eimsbüttel

mit den Stadtteilen: Eimsbüttel, Ro-
therbaum, Harvestehude, Hoheluft-
West, Lokstedt, Niendorf, Schnelsen,
Eidelstedt, Stellingen.
Fläche: 5007 ha
Einwohner: 232 540

Grindelberg

*351 (unten) Die Straße Grindelberg etwa
von der Straßenkreuzung mit der Haller-
straße aus in Richtung Norden gesehen
(1939). Rechts im Bild die Einmündung der
Werderstraße.*

*352 Die zerstörten Gebäude Grindelberg ▶
Nr. 37/45 (1943).*

*353 Die wiederaufgebauten Gebäude ▶
Grindelberg 37/45.*

350   Das Gebiet des Bezirksamtes Eimsbüttel.

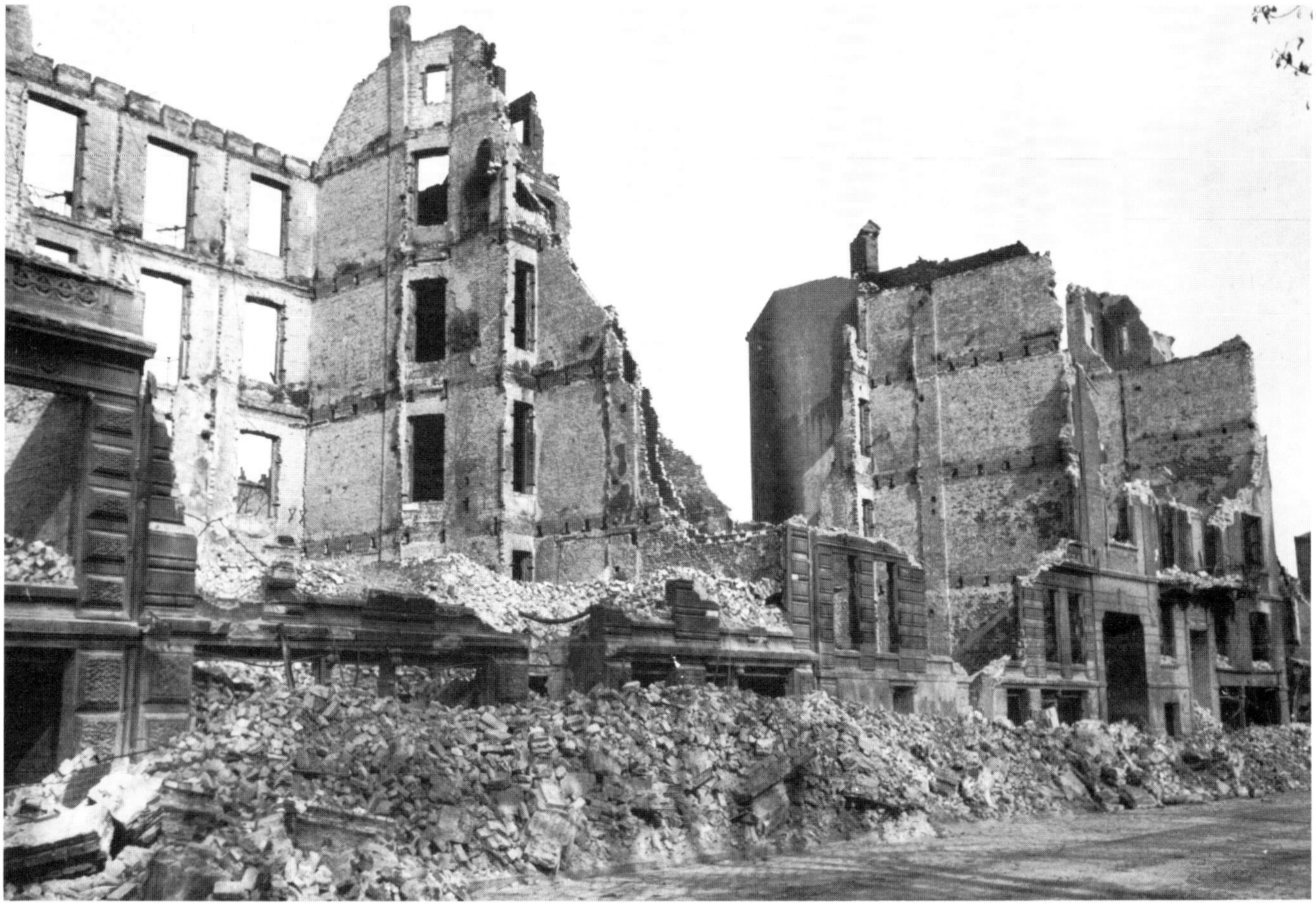

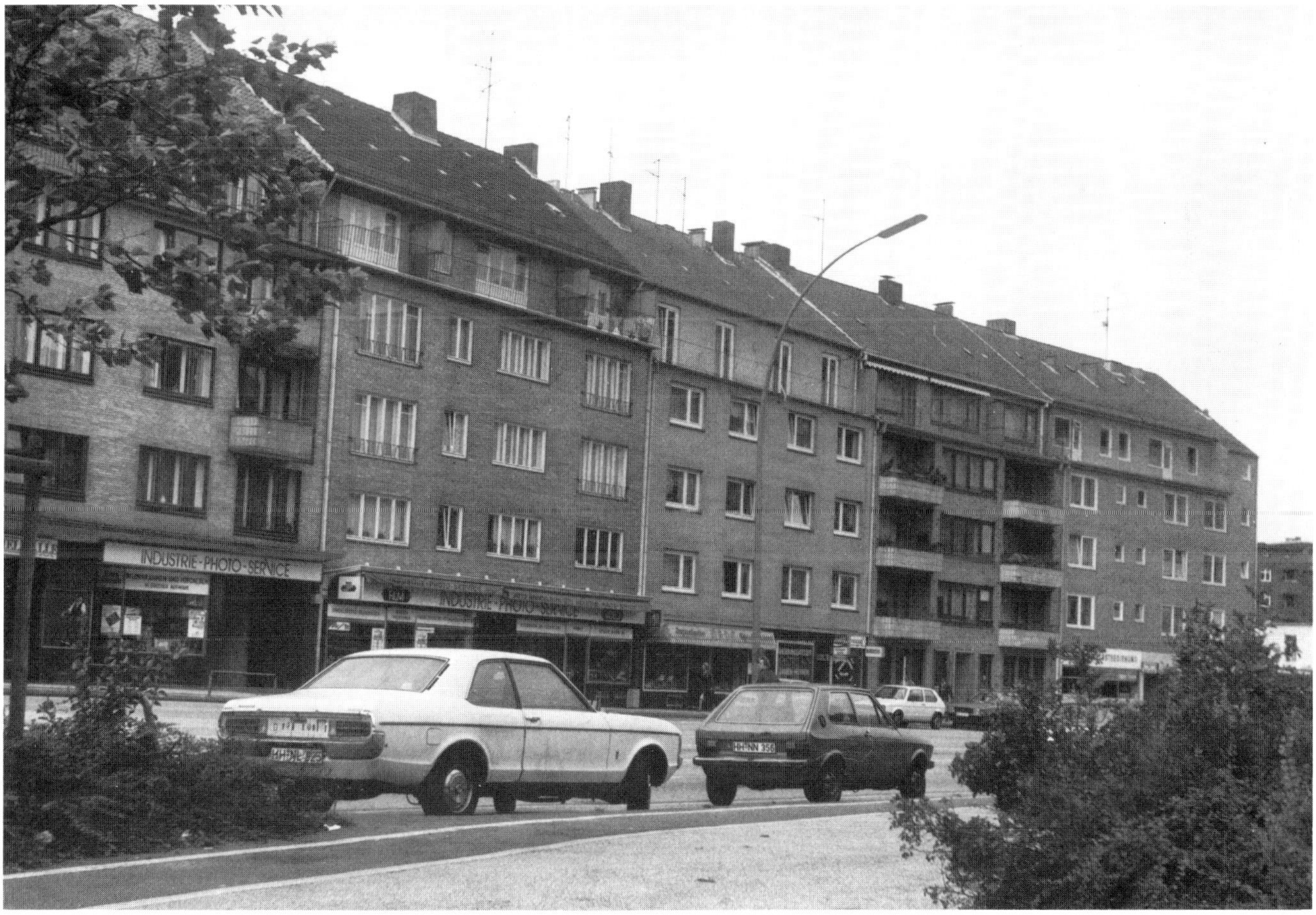
INDUSTRIE-PHOTO-SERVICE

354　Die Straße Grindelberg in Richtung Süden gesehen, 1939; hinten links die Einmündung der Werderstraße.

355　Die Einmündung der Werderstraße in den Grindelberg, 1943.

356　Die Gebäudetrümmer auf der Ostseite des Grindelberges an der Straßenkreuzung Hansastraße, 1943.

357 Die Straße Grindelberg (im Bildvor-
dergrund) heute. Nach dem Krieg sind östlich des Grindelberges insgesamt 12 Wohn-
Hochhäuser gebaut worden. In den Hoch-
häusern ist u. a. auch das Bezirksamt Eimsbüttel untergebracht. Die Hansastraße und
die Werderstraße (im oberen Bildteil diagonal verlaufend) führen wegen des Baus der
Hochhäuser nicht mehr bis an den Grindelberg heran.

U-Bahn-Station Schlump

358 Die U-Bahn-Station Schlump hat
seit Eröffnung der Ringlinie 1912 öfters ihre
Gestalt gewandelt. Hier das erste Stations-
gebäude Schlump, 1912.

359 Die U-Bahn-Haltestelle Schlump
heute. Es ist ein Umsteigebahnhof der U-
Bahn-Linien Landungsbrücken – Kelling-
husenstraße und Jungfernstieg – Hagenbek
– Niendorf.

360 und 361 <u>*Die Hoheluftchaussee*</u> *Ecke Eppendorferweg und Ecke Neumünstersche Straße (unten), 1939.*

362 *Die Hoheluftchaussee Ecke Neumünstersche Straße, heute.*

363 *Die Wohnhäuser Hoheluftchaussee Nr. 72 – 78, 1943.*   364 *Hoheluftchaussee Nr. 72 – 78, heute.*

365 *Hoheluftchaussee Nr. 78 – 100 Ecke Abendrothsweg, 1943.*   366 *Hoheluftchaussee Ecke Abendrothsweg, heute.*

367 *Hoheluftchaussee Ecke Breitenfelderstraße, 1943.*   368 *Hoheluftchaussee Ecke Breitenfelderstraße, heute.*

Fruchtallee

369 Blick von der Fruchtallee in den Eppendorfer Weg um 1900.

370 Etwa gleiche Aufnahme wie 369, jedoch 1943.

371 Fruchtallee Ecke Eppendorfer Weg, heute.

372 u. 373 Eimsbüttler Chaussee Ecke ▶ Dormannsweg, 1943 und heute.

374 u. 375 Fruchtallee Ecke Eimsbüttler ▶ Chaussee – Charlottenstraße, 1943 und heute; links U-Bahn-Station „Emilienstraße".

376 u. 377 Fruchtallee/Sandweg, 1943 ▶ und heute.

134

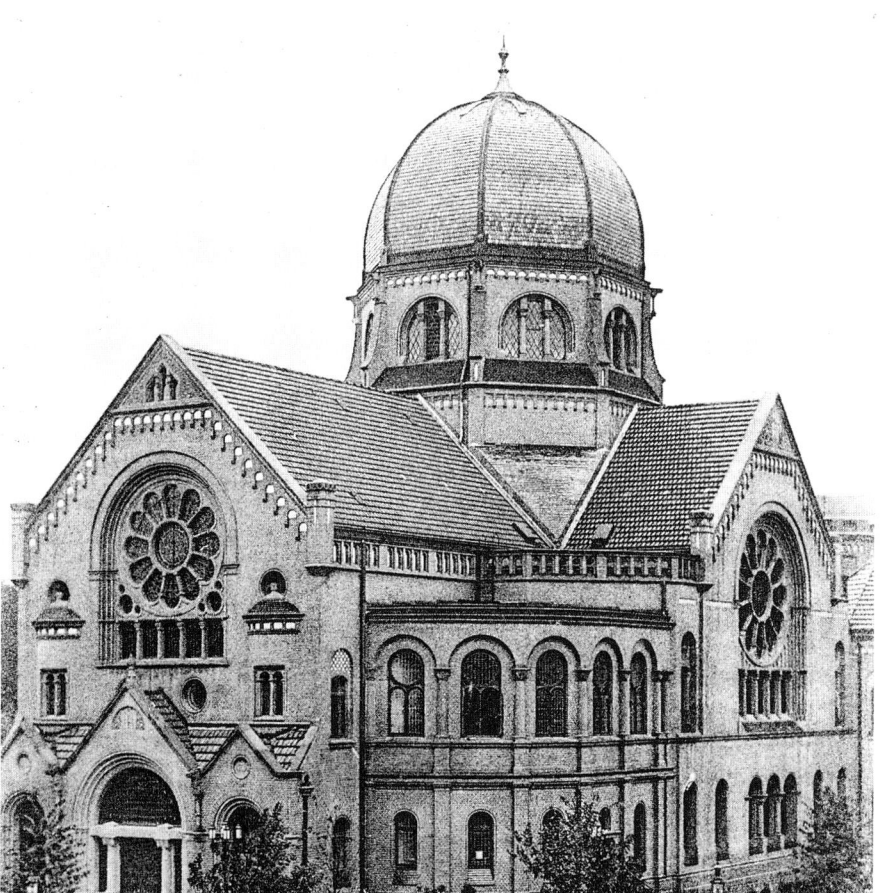

378 Die große Synagoge der jüdischen Gemeinde am Bornplatz in Hamburg, 1906 erbaut im Stil des 19. Jahrhunderts. Auf die Synagoge wurden im November 1938 Brandanschläge verübt. Das Gebäude wurde 1939/40 abgebrochen.

379 Die neue Synagoge und das Gemeindezentrum der jüdischen Gemeinde wurde an der Hohen Weide Ecke Heymannstraße 1959/60 errichtet.

Universität Hamburg

380 Die Keimzelle der 1919 gegründeten Hamburger Universität ist der Kuppelbau an der Edmund-Siemers-Allee.

381 u. 382 Nach dem Krieg weitete sich die Universität im Bereich Grindelallee / Schlüterstraße (Bild 381) und weiter im Gebiet Grindelallee / Bundesstraße / Beim Schlump (Bild 382) aus. Die Hamburger Universität hat heute über 40 000 Studierende.

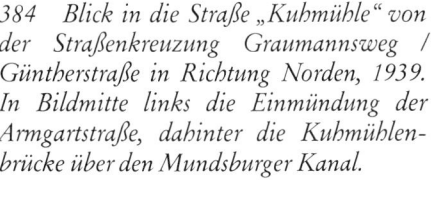

Bezirk Hamburg-Nord

mit den Stadtteilen: Hoheluft-Ost, Eppendorf, Groß Borstel, Alsterdorf, Winterhude, Uhlenhorst, Hohenfelde, Barmbek-Süd, Dulsberg, Barmbek-Nord, Ohlsdorf, Fuhlsbüttel, Langenhorn.
Fläche: 5 777 ha
Einwohner: 287 760

383   Das Gebiet des Bezirksamtes Hamburg-Nord.

Kuhmühle und Papenhuder Straße

384   Blick in die Straße „Kuhmühle" von der Straßenkreuzung Graumannsweg / Güntherstraße in Richtung Norden, 1939. In Bildmitte links die Einmündung der Armgartstraße, dahinter die Kuhmühlenbrücke über den Mundsburger Kanal.

385   Die Papenhuder Straße, 1939, Blick von der Mundsburger Brücke in Richtung Norden. Vorn links und rechts die Hartwicusstraße.

Mundsburger Damm

386 Der Mundsburger Damm von der Kreuzung mit der Hartwicusstraße in Richtung Nordosten gesehen, 1939. Links im Bild die Einmündung der Straße „Erlenkamp".

387 Der Mundsburger Damm kurz vor der Straßenkreuzung Immenhof in Richtung Mundsburg gesehen, 1939.

388 Der Mundsburger Damm kurz vor der Abzweigung der Straße „Birkenau", 1939.

389 Das nördliche Ende des Mundsburger Damms kurz vor der Kreuzung Winterhuder Weg (links) / Lerchenfeld. Rechts das Café „Mundsburg" (vormals Café „Continental"), geradeaus die Hamburger Straße.

390   *Die 1943 ausgebrannten Wohngebäude am Mundsburger Damm; links Immenhof, rechts Uhlenhorster Weg.*

391 a und 391 b   *(Seite 141) Der Mundsburger Damm 1945 vom Uhlenhorster Weg aus in Richtung Süden gesehen. Links im Bild (391 a) der Kuhmühlenteich und die St. Gertrudenkirche; davor der Hochbahnviadukt. Im Bild rechts (391 b) der Immenhof und im*

392　Das wiederaufgebaute Gebiet am Mundsburger Damm; eingetragen die Panoramaaufnahme 1945 (Bild 391 a und b).

Bildhintergrund die ausgebrannte Ruine der heutigen Fachhochschule für Mode und Design, die Hartwicusstraße, der Mundsburger Kanal und die Armgartstraße (vgl. Bild 392, oben).

393   Die Hamburger Straße und die Oberaltenallee; unten der Winterhuder Weg – Lerchenfeld, vor 1939.

394   Ecke Hamburger Straße / Winterhuder Weg (1943).

395   Blick durch die Trümmer der „Mundsburg" (1943).

396 Die heutige Hamburger Straße und die nur noch mit einem Grünstreifen von der Hamburger Straße getrennte Oberaltenallee. Zum Vergleich mit Bild 393, Seite 142: Das Wohngebäude an der Ecke Oberaltenallee und Lerchenfeld wie auch die Wohnhäuser dahinter sind erhalten geblieben.

Hamburger Straße

397 Die drei hohen Wohntürme an der Ecke Winterhuder Weg / Hamburger Straße sind das weit sichtbare Merkmal für das Einkaufs- und Verwaltungszentrum „Hamburger Straße".

398   *Die Hamburger Straße, an der Ecke Rönnhaidstraße das Kaufhaus Karstadt, vor 1939.*

399   *Rönnhaidstraße 1943, links unten die Karstadtruine.*   400   *Die Ruinen „Beim Alten Schützenhof / Heitmannstraße".*

401   Hamburger Straße und Oberaltenallee von Nordosten gesehen, heute (vgl. Bild 398).

402   Die heutige Adolph-Schönfelder-Straße (früher Rönnhaidstraße) an der Abzweigung von der Hamburger Straße.

403   *Hansdorferstraße 1943, aus Richtung Von-Essen-Straße.*   404   *Hansdorferstraße heute, aufgenommen wie Bild 403.*

405   *Barmbeker Markt, Südseite, 1939, Richtung Norden.*   406   *Barmbeker Markt, Südseite, heute. Aufnahme wie 405.*

407   *Barmbeker Markt, Nordseite, 1939, Richtung Norden.*   408   *Barmbeker Markt, Nordseite, heute. Aufnahme wie 407.*

409 Die Straße Dehnhaide mit Hochbahnstation Dehnhaide (oben links) und in
der Mitte des Bildes diagonal die Straße
„Vogelweide", 1943. Die vier- bis fünfge-
schossigen Wohngebäude sind durch den
Feuersturm im Juli/August 1943 ausgeglüht.
Die in ihrer Standsicherheit gefährdeten
Fassaden wurden eingerissen bzw. gesprengt und die Trümmermassen abtrans-
portiert.

410 (oben rechts)   Das wiederaufgebaute
Gebiet Dehnhaide. In Bildmitte der eiserne
Hochbahnviadukt, der in der Feuersbrunst
standgehalten hat, in der Mitte des Bildes
die Straße Dehnhaide mit den Querstraßen
Vogelweide sowie Stuvkamp (links) und
Langenrehm (rechts). Im oberen Teil des
Bildes der Barmbeker Markt, die Weide-
straße und die Lohkoppelstraße.

411 (rechts)   Das Trümmerfeld an der
Von-Essen-Straße bis zur Straße Dehnhai-
de, 1945. In Bildmitte kreuzt diagonal die
Wohldorfer Straße, im Vordergrund die
Amselstraße.

Hansdorferstraße
Barmbecker Markt
Dehnhaide

412   Die Straße Dehnhaide heute, von der
Hochbahnstation aus gesehen.

Weidestraße

413 Wohnblock auf der Nordseite der Weidestraße kurz vor dem Vogteiweg, 1939.

414 Die Weidestraße, von Osten nach Westen gesehen, 1939; rechts der Wohnblock Bild 413.

415 Die ausgebrannte Weidestraße (rechts) und der Vogteiweg (oben im Bild), 1943. In der Mitte des Bildes der „burgartige" Wohnblock (s. Bild 413 und 414).

416 Die heutige Weidestraße kurz vor dem Vogteiweg. Aufnahmeposition wie Bild 413.

Hufnerstraße

417   Blick durch die Hufnerstraße auf die Heiligen-Geist-Kirche, 1939.

418   Die Hufnerstraße (links oben), Heiligen-Geist-Kirche, Reese Straße und Käthner-Kamp (oben im Bild) sowie Brucknerstraße (rechts im Bild), ausgebrannt 1943.

419   Der heutige Blick durch die Hufnerstraße auf die Heiligen-Geist-Kirche (vgl. 417).

422   Luftbild 1943. Am oberen Bildrand ▶
die Hufnerstraße, links am Osterbek-Kanal
die Gebäudeecke Flachsland; rechts oben im
Bild die Heiligen-Geist-Kirche. Rechts im
Bild die Brucknerstraße mit den Querstra-
ßen Mirowstraße und Käthnerort (unten).
Die Käthnerortbrücke über den Osterbek-
Kanal wurde zerstört (unten links).

423   Die Brucknerstraße mit Blickrichtung auf die Heiligen-Geist-Kirche, heute;
links die Mirowstraße.

420   Ecke Hufnerstraße / Flachsland, 1939.

421   Ecke Hufnerstraße / Flachsland, heute; links im Bild die Hufnerstraßenbrücke über den Osterbek-Kanal, rechts die Straße
Flachsland.

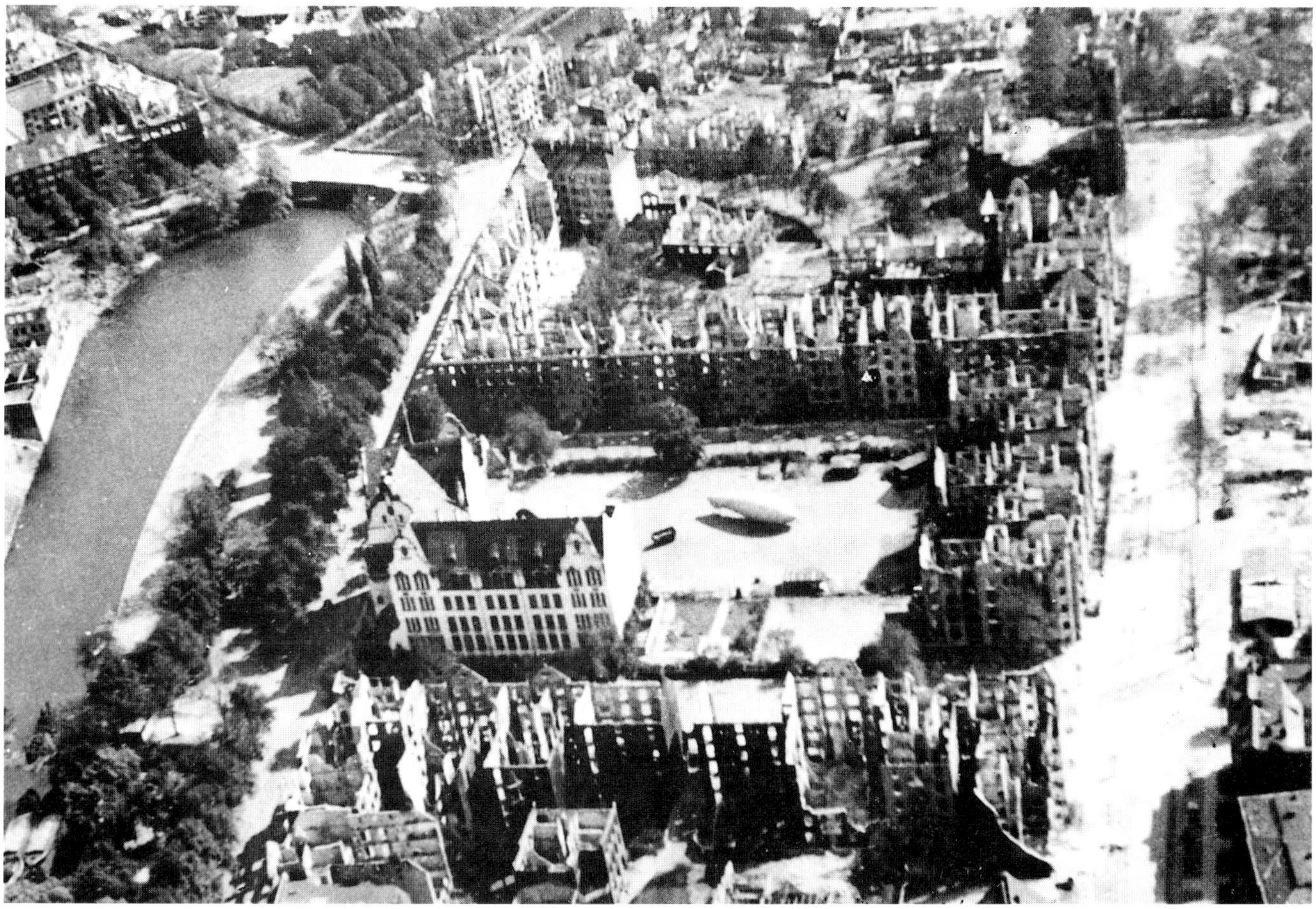

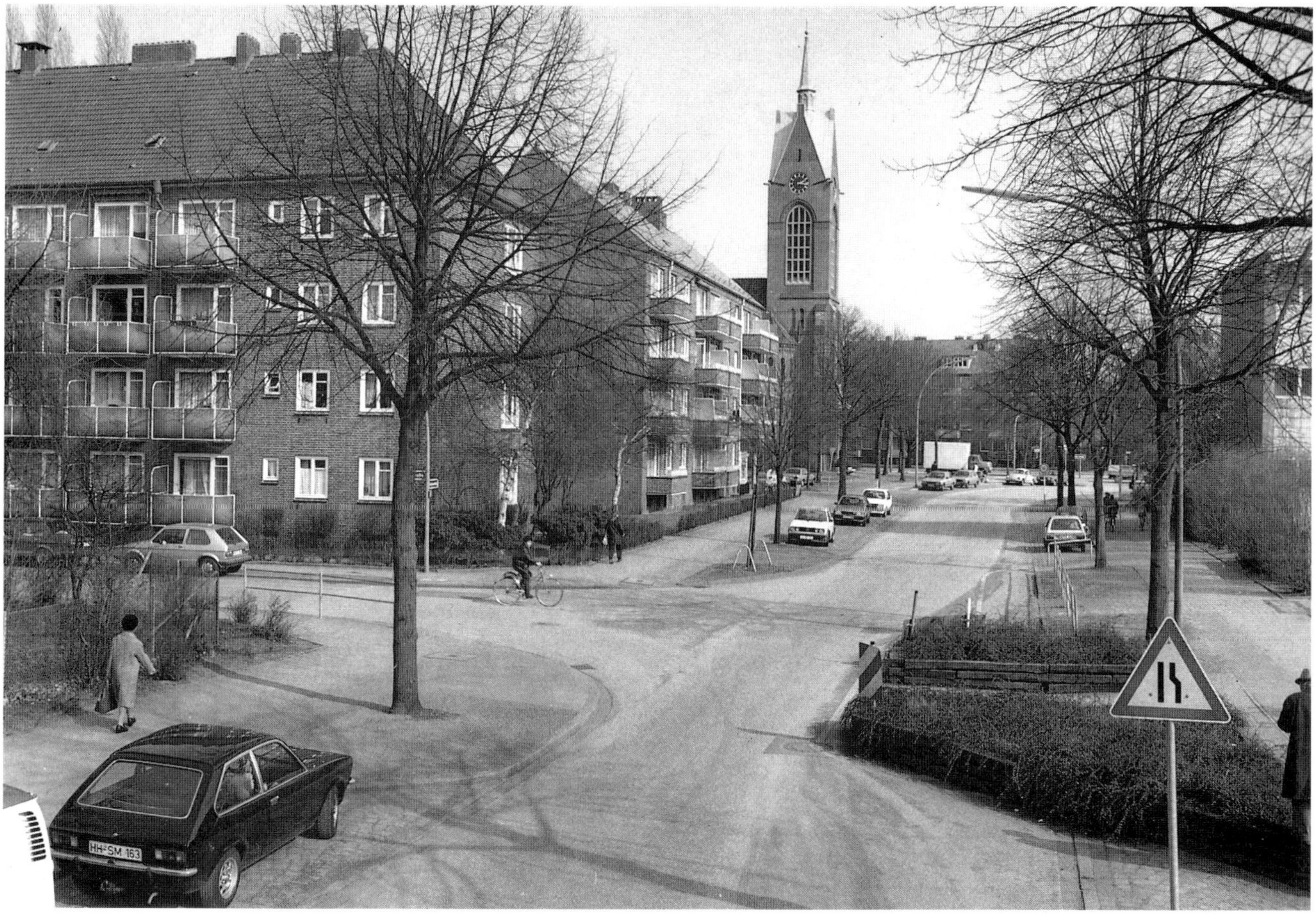
HH-SM 163

424 a   Luftbild von der Wohnhausbebau-
ung der sogenannten „Hochbahn-
schleife" nördlich des Bahnhofs Barmbek im
Jahr 1922. Am unteren Bildrand der U- und
S-Bahnhof Barmbek, in Bildmitte die
Fuhlsbütteler Straße und rechts die Schwal-
benstraße; links die Hufnerstraße und der
Rübenkamp, oben die Hellbrookstraße.

424 b   Die Wohnbebauung der „Hoch-
bahnschleife" nördlich des S- und U-Bahn-
hofs Barmbek wurde 1943 nahezu vollstän-
dig zerstört. Rechts im Bild 424 b der „Stra-
ßenfächer" Fuhlsbüttler Straße, Schwalben-
und Stellbergstraße; am rechten Bildrand
die Starstraße und Steilshoper Straße. Oben
im Bild 424 b die Hellbrookstraße, in Bild-
mitte die Hufnerstraße und in West-Ost-
Richtung Rübenkamp – Drosselstraße.

425   Die neue Bebauung in der „Hoch-
bahnschleife".

426   *Die von den Trümmern geräumten Flächen im Bereich Fuhlsbüttler, Schwalben- und Stellbergstraße nördlich des Bahnhofes.*

427   *Das Gebiet nördlich des Bahnhofes Barmbek ist im wesentlichen wieder aufgebaut. Rechts die Fuhlsbüttler Straße und die Schwalbenstraße; die Stellbergstraße wurde aufgehoben (vgl. Bild 426).*

Flughafen Hamburg-Fuhlsbüttel

428   Mit dem Bau der Luftschiffhalle 1912 begann der Luftverkehr auf dem Hamburger Flughafen Fuhlsbüttel. Die Luftschiffhalle wurde 1921 abgerissen.

429   Der Flugzeug-Linienverkehr in Fuhlsbüttel begann 1919. Die Luftaufnahme zeigt den Flughafen Hamburg 1930. Bereits 1925/26 wurden die Flugzeughallen A und B und bis 1929 das Abfertigungsgebäude (C) errichtet.

430 Die Deutsche Lufthansa AG wurde 1926 gegründet. Die damaligen Verkehrsflugzeuge, startbereit vor der Halle B der Deutschen Lufthansa in Fuhlsbüttel.

431 Im Krieg 1939/45 waren die Flughafengebäude getarnt. Der Flughafen Fuhlsbüttel diente bis Kriegsende nur militärischen Zwecken.

432 Nach 1946 begann in Fuhlsbüttel wieder der zivile Luftverkehr. Die Flughafenanlagen wurden entsprechend dem Luftverkehr und in Anpassung an die größeren Flugzeuge laufend ausgebaut. Eine Boeing 747 – Jumbo genannt – auf Startposition.

433   Das gekreuzte Start- und Landebahnsystem des Hamburger Flughafens aus der Vogelperspektive – der größte und zentrale Verkehrsflughafen in Norddeutschland. Bis Mitte der 90er Jahre werden rund 1,3 Mrd. DM in die Modernisierung und den Ausbau des Hamburger Luftverkehrsstandortes investiert. Die Start- und Landebahn I hat eine Länge von 3250 m, und die Start- und Landebahn II (von links nach rechts verlaufend) hat eine Länge von 3665 m. Im Hintergrund links die Lufthansa-Werft.

434   Die Lufthansa-Werft in Hamburg-Fuhlsbüttel. Im Vordergrund das neue Flugsicherungszentrum des Flughafens.

435   Das neue Terminal für den Linienverkehr. Baubeginn Anfang 1990 – Inbetriebnahme Ende 1992/93. Links im Bild das im Bau befindliche Parkhaus für ca. 800 Plätze und der bereits vorhandene Radarturm. Die Kosten für das neue Linien-Terminal belaufen sich auf ca. 260 Mio. DM.

City Nord

436   Ab 1960 wurde zur Entlastung der Innenstadt die Geschäftsstadt „City Nord" geplant. Sie ist im wesentlichen bis 1977 auf dem ehemaligen Kleingartengelände ausgeführt worden (Bild 435). Die City Nord liegt im nördlichen Stadtgebiet, rd. 6 km vom Rathaus entfernt. Zur Zeit arbeiten hier rd. 22 000 Menschen. Für jedes Gebäude ist ein Bauwettbewerb durchgeführt worden.

Bezirk Wandsbek

mit den Stadtteilen: Eilbek, Wandsbek, Marienthal, Jenfeld, Tonndorf, Farmsen-Berne, Bramfeld, Steilshoop, Wellingsbüttel, Sasel, Poppenbüttel, Hummelsbüttel, Lemsahl-Mellingstedt, Duvenstedt, Wohldorf-Ohlstedt, Bergstedt, Volksdorf, Rahlstedt.

Fläche: 14 755 ha
Einwohner: 375 390

Zur Entwicklung von Wandsbek: 1296 erste urkundliche Erwähnung des stormarnischen Dorfes Wandsbek. Ende des 15. Jahrhunderts entstand das Gut Wandsbek. 1772 – 1778 Bau des Wandsbeker Schlosses (1861 wurde dieses bereits abgerissen). 1833 wurde Wandsbek ein „Flecken", 1864 wurde Wandsbek preußisch und erhielt 1870 das Stadtrecht. 1937 kam Wandsbek zu Hamburg (s. Röpke, Lit. Seite 207).

438   Das Gebiet des Bezirksamtes Wandsbek.

439   Karte vom Gut Wandsbek von 1805
(1) Chaussee von und nach Hamburg
(2) Heutige Wandsbeker Marktstraße
(3) Heutige Schloßstraße
(4) Wandsbeker Schloß
(5) Wandse

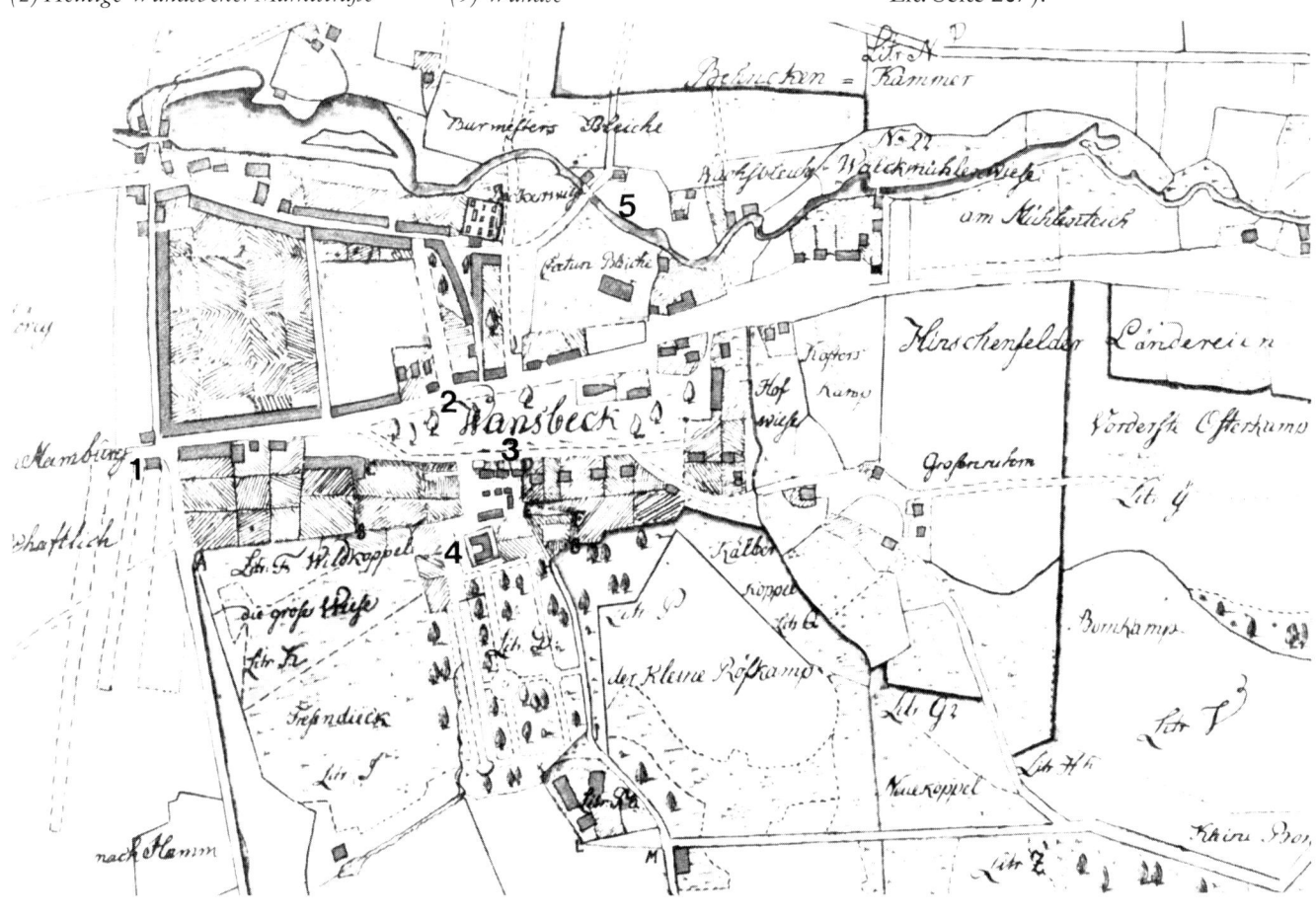

Wandsbeker Markt

440 Der Wandsbeker Markt etwa um 1930. Das Straßendreieck Wandsbeker Marktstraße (vorn im Bild), die Schloßstraße (rechts), die 1901 erbaute Christuskirche sowie das Matthias-Claudius-Gymnasium schließen den Platz nach Osten hin ab. Zwischen der Grünanlage an der Spitze des Platzes und der Kirche fand der Wochenmarkt statt. Die Wandsbeker Marktstraße war und ist auch heute noch eine verkehrsreiche Geschäfts- und Durchgangsstraße. Der Wandsbeker Markt war Zentrum des Gutes, des Fleckens, der Stadt Wandsbek und ist auch heute „Herzstück" des Bezirkes Wandsbek. Eine detaillierte Beschreibung der Entwicklung Wandsbeks gibt G.-W. Röpke in seinem Buch „Zwischen Alster und Wandse"(s. Lit. Seite 207).

441 Der Wandsbeker Markt heute. Wandsbek wurde 1943 sehr stark zerstört. Im Rahmen des Wiederaufbaues behielt der Wandsbeker Markt nicht nur seine Jahrhunderte alte Zentrumsfunktion für diesen Stadtteil, sondern wurde durch den Bau des Zentral-Omnibusbahnhofes auf dem Marktplatz mit der U-Bahnstation darunter sowie durch den Ausbau der Wandsbeker Marktstraße zu einem wichtigen Verkehrsknotenpunkt im Osten Hamburgs. Mit dem Bau der U-Bahnstrecke Rathaus – Wandsbek Markt nach Wandsbek-Gartenstadt entstand 1962 am Wandsbeker Markt eine Verkehrsanlage zum direkten Umsteigen vom Bus auf U-Bahn. 18 Buslinien treffen auf dieser Busanlage zusammen. Über Fußgänger-Tunnelanlagen gelangen die Fahrgäste zum Geschäftszentrum Wandsbek oder erreichen über kurze Umsteigewege die U-Bahn in Richtung Hamburger Innenstadt. Täglich fahren rd. 1000 Busse und 395 U-Bahnzüge die Anlage an bzw. fahren von ihr ab.

442   Die Wandsbeker Marktstraße in Richtung Markt gesehen, 1939; links u. a. das Kino „Harmonie", im Hintergrund die Christuskirche.

443   Gleiche Aufnahme wie Bild 442, heute. Statt des Kinos ist dort heute eine Kaufhalle, hinten der Turm der neuen Christuskirche.

444   *Die Wandsbeker Marktstraße vom Markt in Richtung Hamburger Innenstadt gesehen, 1939; rechts das Kino „Harmonie".*

445   *Gleiche Aufnahme wie Bild 444, heute; rechts die Kaufhalle an der Stelle des früheren Kinos „Harmonie".*

446 *Wandsbeker Chaussee Ecke Rückertstraße, 1943.*   447 *Wandsbeker Chaussee Ecke Rückertstraße, heute.*

448 *Wandsbeker Chaussee Ecke Kantstraße, 1943.*   449 *Wandsbeker Chaussee Ecke Kantstraße, heute.*

450 *Wandsbeker Chaussee Nr. 27 – 37, 1943.*   451 *Wandsbeker Chaussee Nr. 27 – 41, heute.*

Wandsbeker Chaussee

Die U-Bahn nach Wandsbek: Von 1955 bis 1963 wurde die U-Bahn-Strecke vom Jungfernstieg bis Wandsbek- Gartenstadt mit den Haltestellen Meßberg, Steinstraße, Lübecker Straße, Wartenau, Ritterstraße, Wandsbeker Chaussee, Wandsbeker Markt, Straßburger Straße, Alter Teichweg, Wandsbek-Gartenstadt ausgeführt. Die U-Bahn im Wandsbeker Bereich wurde in der sogenannten offenen Bauweise hergestellt. Die Bauzeit, insbesondere um 1960 – 1962, war für die Anlieger (Anwohner und Geschäfte) an der Wandsbeker Chaussee und Wandsbeker Marktstraße eine schwere Zeit; um so freudiger wurde im Oktober 1962 ein Volksfest zur Inbetriebnahme der U-Bahn bis Wandsbeker Markt gefeiert. Der öffentliche Nahverkehr, der früher im wesentlichen mit der Straßenbahn in der Wandsbeker Chaussee bewältigt wurde (s. Bild 442 und 444), wurde mit der U-Bahn unter die Straße verlegt. Die Wandsbeker Chaussee (Bundesstraße B 75 – Hauptverkehrsstraße in Richtung Nordost) konnte nach dem U-Bahn-Bau entsprechend dem starken Straßenverkehr ausgebaut werden.

452   Die Südseite der Wandsbeker Chaussee, Haus Nr. 112 – 128, bei der Ritterstraße, 1939.

453   Wandsbeker Chaussee Ecke Ritterstraße, 1943.

454   Wandsbeker Chaussee Ecke Ritterstraße. Haus Nr. 112 – 128, in Richtung Wandsbeker Markt gesehen, heute.

455 *Wandsbeker Chaussee Nr. 32 – 20, 1943.*

456 *Wandsbeker Chaussee Nr. 32 – 20 bei der Conventstraße, heute.*

457 *Luftbild Wandsbeker Chaussee von der Wartenau bis* ▶ *zum Wandsbeker Markt, heute.*

165

Eilbek

458   *Blick von der Versöhnungskirche auf Maxstraße, Auenstraße und Eilbeker Weg, 1946.*

460 a   *Gleiche Aufnahme wie (458), jedoch heute, vgl. mit (458) u. a. Bunker im Eilbeker Weg.*

459   *Fortsetzung des Bildes (458) bis zum Eilbektal (rechts).*

460 b   *Fortsetzung des Bildes (460 a) bis zum Eilbektal (rechts); vgl. mit Bild (459).*

461   Hasselbrookstraße in Richtung Bahnhof Hasselbrook, 1939.   462   Gleiche Aufnahme wie (461), etwa 1946.

463   Die heutige Hasselbrookstraße von der Ritterstraße aus gesehen (wie 461 und 462).

464   *Blick von der Schule in der Ritterstraße in Richtung Riesserstraße (Hamm-Nord); vorn S- und Eisenbahnbrücke, 1945.*

465   *Gleiche Aufnahme wie (464), heute. Hinter der S- und Eisenbahnbrücke links die Marienthalerstraße.*

Bezirk Bergedorf

mit den Stadtteilen: Lohbrügge, Bergedorf, Curslack, Altengamme, Neuengamme, Kirchwerder, Ochsenwerder, Reitbrook, Allermöhe, Billwerder, Moorfleet, Tatenberg, Spadenland.
Fläche: 15 477 ha
Einwohner: 82 970

Zur Entwicklung von Bergedorf: Bergedorf ist eine der ältesten Ansiedlungen im Hamburger Gebiet. 1217 erhielt die Ansiedlung Stadtrechte. 1420 – 1867 wurde Bergedorf von Hamburg und Lübeck gemeinsam verwaltet. Ab 1868 gehört Bergedorf allein zu Hamburg.

466   Das Gebiet des Bezirksamtes Bergedorf.

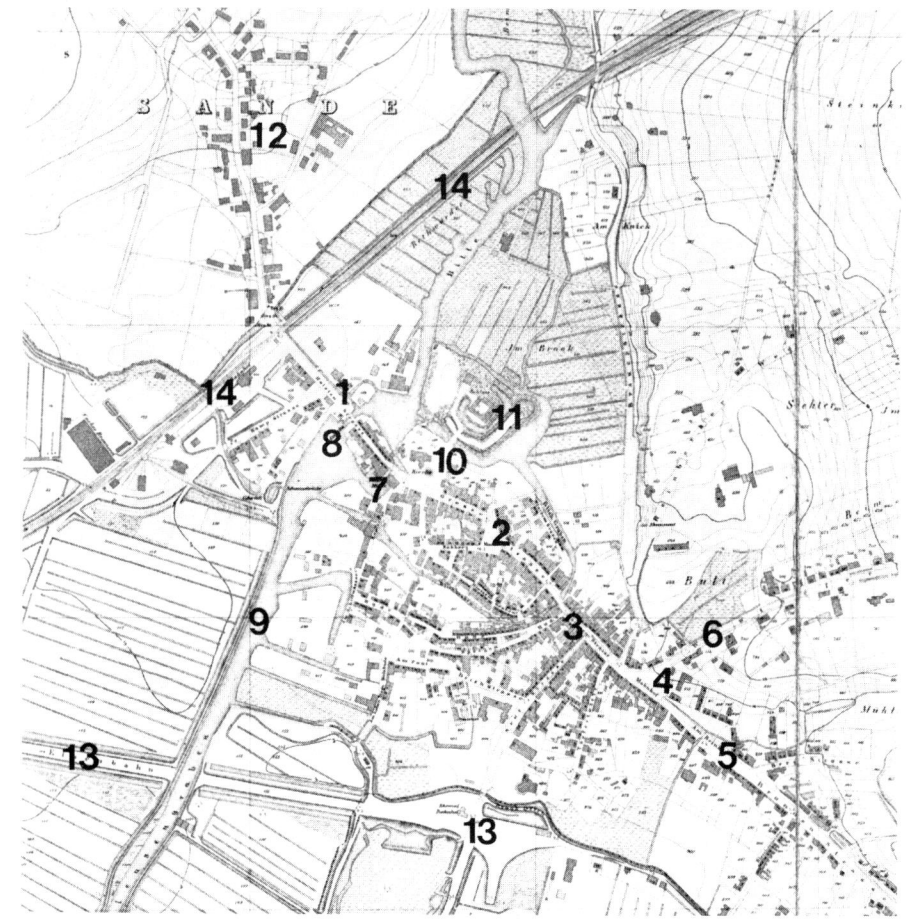

467   Plan von Bergedorf von 1875.

(1) Holstenstraße
(2) Bergedorfer Markt
(3) Sachsentor (z. T. Große Straße)
(4) Mohnhof
(5) Am Brink
(6) Wentorfer Straße
(7) Kornwassermühle
(8) Serrahn
(9) Schleusengraben
(10) St. Petri- und Pauli-Kirche
(11) Bergedorfer Schloß
(12) Sande
(13) Eisenbahn Hamburg-Bergedorf mit Bahnhof (ab 1842)
(14) Eisenbahn Hamburg – Berlin mit Bahnhof Bergedorf (ab 1846)

Stadtgebiet Bergedorf

468 Luftbild von Bergedorf, 1928 (aus Richtung Südost). In Bildmitte, von oben nach unten verlaufend, die Holstenstraße, vorbei am Bahnhof Bergedorf (Eisenbahnstrecke Hamburg – Berlin) in die Große Straße, vorbei an der St. Petri- und Pauli-Kirche, dem Bergedorfer Markt und dem Schloß, weiter in die Straße Sachsentor, die zum Mohnhof führt. Nördlich der Bahn im Sander Teil das Bergedorfer Eisenwerk und links vom Bahnhof am Schleusengraben mehrere Industriebetriebe.

469 Eine Luftaufnahme vom inneren Stadtgebiet von Bergedorf, 1938. Von rechts oben nach links unten die Große Straße, die heute, wie die südöstliche Straßenfortführung, „Sachsentor" heißt. Dieser Bergedorfer Straßenzug war früher Teil der Reichsstraße 5 bzw. bis 1970 die Bundesstraße 5 von Hamburg über Bergedorf und Lauenburg nach Berlin. Seit 1971 ist die Straße „Sachsentor" Fußgängerzone. Rechts oben im Bild ist die Kirche und der Bergedorfer Markt zu erkennen.

470 Dieses Luftbild zeigt die in mehreren Abschnitten bis 1958 fertiggestellte „Bergedorfer Straße", die heutige B 5, vom Boberger Geesthang durch Lohbrügge und Sande nach Bergedorf bis zum Mohnhof.

472 Die heutige Straßenkreuzung „Mohnhof" (von Süden gesehen) nach Fertigstellung der „Bergedorfer Straße" (links) und der Fußgängerstraße „Sachsentor" (oben links im Bild); rechts oben die Wentorfer Straße und rechts die Straße „Am Brink" (B 5).

471 Das neue City-Centrum Bergedorf (CCB) (Kaufhaus, Ärzte-Centrum, Wohnturm) nahe dem Bergedorfer Bahnhof an der „Bergedorfer Straße". Unten im Bild das „Lichtwarkhaus" (Hamburg-Haus System) auf der alten Hafeninsel am Schleusengraben.

Der Mohnhof

473 Der „Mohnhof", 1939, mit Blick in den Teil der ehemaligen Durchgangsstraße „Sachsentor". Rechts im Bild kurz vor der Abzweigung in die Wentorfer Straße ein altes Essig-Brauhaus aus der Mitte des 17. Jahrhunderts. Es erhielt 1960 eine modernisierte Fassade (s. Bild 474). Die drei kleineren Fachwerkhäuser, ebenfalls aus dem 17. Jahrhundert, auf der linken Seite des Bildes mußten der Durchführung der Bergedorfer Straße weichen (s. Bild 474).

474 Die gleiche Aufnahme wie Bild 473, jedoch heute. An der Ecke Bergedorfer Straße / Sachsentor ist ein Restaurationsbetrieb entstanden; das ältere mehrgeschossige Wohnhaus mit dem Erker ist stehengeblieben, daneben der Neubau des Textilhauses Penndorf (vgl. Bild 473).

475 (unten) Die Wentorfer Straße, 1939, mit Blickrichtung auf die kleinen Fachwerkhäuser am Mohnhof.

476 (unten rechts) Das Bild 475 aus gleicher Position, heute. Die Häuser in der Wentorfer Straße sind im wesentlichen erhalten geblieben.

477 *Die ehemalige Durchgangsstraße „Sachsentor", Blickrichtung von Südost nach Nordwest, 1939 (vgl. Bild 468 und 469).*

478 *Seit 1971 ist die Straße „Sachsentor" Fußgängerzone. Die Häuserfront ist im wesentlichen erhalten geblieben; die Bäckerbrezel, rechts, hängt an der neuen Hausfront, jedoch anders (vgl. Bild 477).*

479   Die Fortführung der Straße „Sachsentor" nach Nordwest, 1939. Markant die Erkerhäuser links, das Eckgebäude mit der Kuppel (rechts) – s. Bild 469 – und das Kaufhaus Biebler mit seiner Jugendstilfassade und dem Reklameträger auf dem Dach.

480   (oben rechts Die Hausfassaden auf der linken Seite haben sich kaum verändert; die Kuppel auf dem Gebäude rechts ist verschwunden, und an die Stelle des alten Kaufhauses ist „Hertie" mit einer modernen Fassade getreten (vgl. Bild 479).

Sachsentor und Badeanstalt Bergedorf

481   Die 1929 nach der Planung Bergedorfs errichtete Badeanstalt an der Bille.

482   Die Bergedorfer Badeanstalt wurde 1970/71 mit einer neuen Halle und einem neuen Außenbad erweitert.

483   Der Gasthof „Stadt Hamburg" wurde seit 1620 als „Herrenherberge" und Gaststätte genutzt. Er steht an der Ecke Sachsentor, ehemals Große Straße / Vierlandenstraße (Durchbruchstraße von 1930), 1939.

484   Der Gasthof „Stadt Hamburg" (heute) wurde 1958 abgetragen und mit leichter Drehung und Anhebung originalgetreu wieder aufgebaut und dabei restauriert; 1959 war die Wiedereröffnung der historischen Gaststätte.

485 Die denkmalgeschützte St. Petri- und Pauli-Kirche. Die
Kirche wurde 1162 erstmals urkundlich erwähnt. Um 1500 wurde
die Kirche in Fachwerkbauweise neu gebaut; das Kirchenschiff
wurde 1590 nach Westen verlängert. 1608 – 1609 Neubau des
Turms am Kirchenschiff. 1660 – 1670 wurde der Eingangsquerteil
angebaut. 1707 – 1723 wurden die nördlichen Logen angebaut.
1836 und 1956 wurden umfassende Erneuerungsarbeiten bei Bei-
behaltung der äußeren und inneren Gestalt der Kirche durchgeführt.

St. Petri- und Pauli-Kirche und
Bergedorfer Schloß

486 Das Bergedorfer Schloß wurde erstmalig 1208 urkundlich
erwähnt; 1420 wurde es von Hamburg und Lübeck in gemeinsa-
mer Fehde erobert. Der älteste heutige Bauteil stammt von
1610/1661. 1898 Neubau des Nordflügels und des Westportals mit
Rundturm. Seit 1955 ist im Schloß das Museum für Bergedorf und
die Vierlande. Das Museum ist 1893 aus einer Heimatsammlung
des Bergedorfer Bürgervereins von 1847 entstanden.

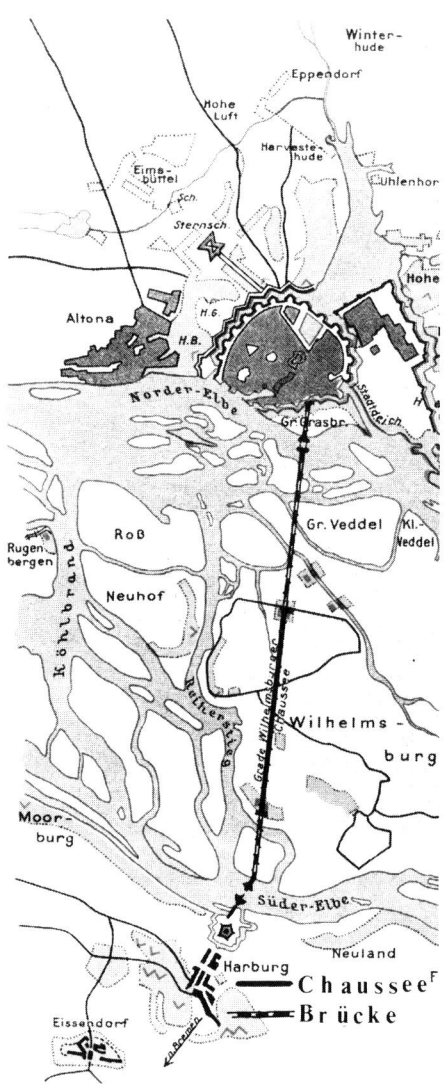

488 Ansicht der hölzernen „Franzosenbrücke" im Elbe-Niederungsgebiet.

487 Lageplan der sogenannten „Franzosenbrücke" von Hamburg nach Harburg,
1813 – 1817.

489 Die erste Überbrückung der Norder- und Süderelbe durch die Eisenbahn, 1872.

490 Die erste Straßenbrücke über die
Norderelbe, 1888.

Die Nord-Süd-Verbindungen in Hamburg

Die Nord-Süd-Verkehrsverbindungen waren in der Entwicklung Hamburgs in den vergangenen 100 Jahren von besonderer Bedeutung.

Der Nord-Süd-Weg im zeitlichen Stenogramm:

1813 Herstellung der ersten direkten und geradlinigen Verbindung zwischen Hamburg und Harburg. Eine rd. 8,0 km lange Brücken-, Straßen- und Fährverbindung (Bild 487) wurde auf Befehl Napoleons aus strategischen Gründen in einer Zeit von 5 Monaten ausgeführt. Diese Straßenverbindung bestand aus vier Brückenabschnitten von zusammen 4,2 km Länge, aus einer

3,2 km langen Chaussee im höherliegenden Wilhelmsburger Gebiet und aus zwei Fähren über die Norder- und Süderelbe. Die hölzernen Brükken der sogenannten „Franzosenbrücke" dienten der Überwindung der nicht eingedeichten sumpfigen Niederungsgebiete (Bild 488), sie mußten jedoch nach vier Jahren abgebrochen werden, denn die Brückenpfähle steckten nur 3 m im sumpfigen Untergrund; die Brücke war nicht auf Dauer standfest. Fortan übernahmen wieder Segelboote, später Dampfboote die Verbindung zwischen Hamburg und Harburg.

1872 Fertigstellung der ersten Brücken über die Norder- und Süderelbe durch die Eisenbahn (zweigleisig) (Bild 489).

1888 Fertigstellung der ersten Straßenbrücke über die Norderelbe (Bild 490).

1894 Verbreiterung der Eisenbahnbrücke auf vier Gleise.

1899 Fertigstellung der ersten Straßenbrücke über die Süderelbe (Alte Harburger Brücke) (Bild 492).

1925 Neu-/Umbau der Eisenbahnbrücken über die Norderelbe.

1926 Fertigstellung der Freihafenbrücke über die Norderelbe (westlich der Eisenbahnbrücken) (Bild 491).

1928 Zweite Straßenbrücke über die Norderelbe, direkt neben der von 1888.

1937 Neubau einer Straßenbrücke über die Süderelbe (neben der Alten Harburger Brücke) im Zuge der Wilhelmsburger Reichsstraße (heute „Brücke des 17. Juni").

1938 folgte im Zuge der Reichsautobahn nach Hannover/Bremen (heute A 1) eine Brücke über die Süderelbe.

1960 Fertigstellung der Verbreiterung der Straßenbrücke über die Norderelbe von 4 auf 10 Fahrspuren (Bild 491). Dabei blieb die Brücke von 1928 erhalten; die Portale konnten leider bei der Brückenverbreiterung und -anhebung nicht erhalten werden. Der Brückenbau von 1888 mußte abgebaut werden, da nicht mehr tragfähig.

1963 Fertigstellung der Bundesautobahn „Südliche Umgehung Hamburg" (A 1) mit Überbrückung der Norderelbe im Südosten Hamburgs.

1973/1981 Neue Eisenbahn-Süderelbbrücke mit S-Bahn (Bild 493).

1975 Fertigstellung der Bundesautobahn „Westliche Umgehung Hamburg" (A 7) mit dem sechsspurigen Autobahn-Elbtunnel (Bild 46 und 339).

1984 Neue Brücke für die S-Bahn Hamburg-Harburg über die Norderelbe neben den Eisenbahnbrücken (Bild 491).

1985 Mit der Fertigstellung der „Umgehung Harburg" entstand eine neue Straßenbrücke über die Süderelbe (neben der „Brücke des 17. Juni" und der „Alten Harburger Brücke", Bild 493).

491 Die Norderelbbrücken (Straße, Fern- und S-Bahn), heute.

492 Die „Alte Harburger Elbbrücke" über die Süderelbe (erbaut 1899, restauriert 1983).

493 Die Süderelbbrücken (Fern- und S-Bahn, Straße), heute.

Bezirk Harburg

mit den Stadtteilen: Harburg, Neuland, Gut Moor, Wilstorf, Rönneburg, Langenbek, Sinstorf, Marmstorf, Eißendorf, Heimfeld, Wilhelmsburg, Altenwerder, Moorburg, Hausbruch, Neugraben-Fischbek, Francop, Neuenfelde, Cranz.

Fläche: 16 054 ha
Einwohner: 182 190

Zur Entwicklung von Harburg: Harburg wurde als Horeburg (Sumpfburg) 1140 erstmals urkundlich erwähnt. 1297 erhielt Harburg das Stadtrecht. Von 1527 – 1642 war Harburg selbständig. Ab 1528 wurde das Schloß erbaut und 1650 – 1660 in eine Festung umgewandelt (das Schloß wurde um 1970 abgerissen). 1705 kam Harburg an Hannover. Ab 1848 Bau eines Seehafens. 1866 wurde Harburg preußisch. 1927 Großstadt Harburg-Wilhelmsburg. 1937 kam Harburg zu Hamburg.

494   Das Gebiet des Bezirksamtes Harburg.

495   Karte der Stadt Harburg von 1859:

(1) Süderelbe
(2) Citadelle-Schloß
(3) Schloßstraße mit Rathaus (3 a)
(4) Bahnhof (ab 1847)
(5) Dreifaltigkeitskirche (erb. 1652)
(6) Marktplatz „Sand"
(7) Der alte Kirchhof
(8) Deichstraße (heute: Rathausstraße)
(9) Lüneburger Straße
(10) Der Große Schippsee
(11) Chaussee nach Hannover – Bremen
(12) Neue Straße

496　Luftbild von Harburg, 1938.

(1) Rathausplatz mit Rathaus
(2) St. Johanniskirche (1894)
(3) Marktplatz „Sand"
(4) Dreifaltigkeitskirche (1652)
(5) Lüneburger Straße

(6) Schloßmühlendamm
(7) Eisenbahn Harburg – Cuxhaven
(8) Blohmstraße
(9) Schloßstraße
(10) Buxtehuder Straße

(11) Großer Schippsee
(12) Hafen- und Industrieanlagen
(13) Hannoversche Straße
(14) Moorstraße
(15) Lange Straße

Harburger Rathaus

497　Das Harburger Rathaus; es wurde 1890/1892 erbaut (Entwurf Prof. Christoph Hehl) und ist das 3. Harburger Rathaus. Das 1. Rathaus stand an der Schloßstraße (Bild 495), das 2. am Marktplatz Sand. Das 3. Harburger Rathaus wurde im Krieg stark beschädigt und ist nach dem Krieg wiederhergestellt worden. Heute ist das Rathaus Sitz des Bezirksamtes Harburg.
Harburg ist im Krieg 1939/45, insbesondere 1944, schwer zerstört worden. So wurden u. a. die Dreifaltigkeitskirche und die St. Johanniskirche total zerstört; sie wurden jedoch in den 50/60er Jahren durch Neubauten ersetzt. Die Hafen- und Industrieanlagen und Wohnviertel erlitten schwere Verluste und Schäden. Die Neuordnung des Harburger Stadtkerns ist noch nicht abgeschlossen.

498 Der Marktplatz „Sand", 1958.

499 Der Marktplatz „Sand" heute. An der Ecke Sand/Schloßmühlendamm ist das neue Gebäude der Kreissparkasse entstanden.

Marktplatz „Sand"

500 Der Marktplatz „Sand", 1939, aufgenommen von der Mitte des Marktplatzes in Richtung Ost auf den Schloßmühlendamm (links), den Kleinen Schippsee und die Lüneburger Straße (rechts).

501 Die Trümmer der Gebäude an der Ecke Sand/Rathausstraße (im Bild 500 am rechten Bildrand). So wie hier sah es 1944/1945 an sehr vielen Stellen des inneren Stadtkerns von Harburg aus.

502 Die gleiche Aufnahme wie Bild 500, jedoch heute. Links im Bild die neue Kreissparkasse; geradeaus ein neues Bürogebäude (DGB Chemie, Papier, Keramik / Volksfürsorge / Bank für Gemeinwirtschaft); rechts vor der Ecke zur Lüneburger Straße ein mehrstöckiges Gebäude, das den Krieg überstanden hat (s. Bild 500).

503 (oben links) Die Lämmertwiete zwischen Schloßmühlendamm und Neue Straße, 1939 (Blick in Richtung Schloßmühlendamm).

504 Die Lämmertwiete heute (vgl. Bild 503). Die aus dem 17. und 18. Jahrhundert stammenden Bürgerhäuser sind liebevoll restauriert worden.

505 Die heutige Lämmertwiete (Blickrichtung Neue Straße) mit dem wiederhergestellten Lamm-Ausleger. Fußgängerzone mit Restaurants, Bier- und Weinlokalen; ein erhaltenes Stück Alt-Harburg.

506 (unten links) Die Hastedtstraße 1939. An der Ecke Kroosweg das Bierlokal „Ritterburg"; hinten die 1894 erbaute St. Johanniskirche.

507 Bild 506, heute. Aus der „Ritterburg" wurde an der restaurierten Gebäudeecke die „Bier-Akademie"; hinten der Turm der neuen St. Johanniskirche.

508 Die Seehafenbrücke mit Fußgängertunnel verbindet seit 1982 das Hafen- und Industriegebiet kreuzungsfrei mit dem Stadtkern sowie über die Buxtehuder Straße mit der Autobahn A 7.

509 (oben rechts) Die Lüneburger Straße wurde 1975/76 in eine Fußgängerzone umgewandelt.

510 Das Technikum der im Aufbau befindlichen Technischen Universität Hamburg-Harburg an der Eißendorfer Straße.

511 Die Wohnsiedlung Neuwiedenthal zwischen den S-Bahn-Stationen Hausbruch und Neugraben, entstanden in den 70er Jahren.

512 (unten rechts) Die unterirdische Haltestelle Harburg der 1984 in Betrieb genommenen S-Bahn-Strecke Hamburg – Harburg – Neugraben.

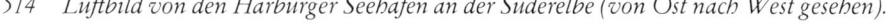

513   Luftbild von Harburg (Richtung Süd). (1) Rathaus; (2) Bahnhof Harburg, gegenüber die Phönix-Werke; (3) Technikum der Technischen Universität; (4) Industrie- und Hafengebiet; (5) Süderelbe mit den Brücken; (6) Umgehung Harburg (Baustand 1984, fertiggestellt 1985); (7) Außenmühlenteich

514   Luftbild von den Harburger Seehäfen an der Süderelbe (von Ost nach West gesehen).

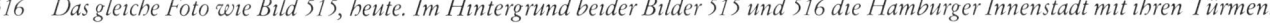

515   Luftaufnahme von dem total zerstörten Industrie-, Gewerbe- und Wohngebiet am Veringkanal in Wilhelmsburg, 1945; links die Industrie- und rechts die Veringstraße. In der Mitte quer verlaufend die Neuhöfer Straße mit einer stählernen Doppel-Klappbrücke, dahinter eine zweite gleichartige Industriebrücke.

516   Das gleiche Foto wie Bild 515, heute. Im Hintergrund beider Bilder 515 und 516 die Hamburger Innenstadt mit ihren Türmen.

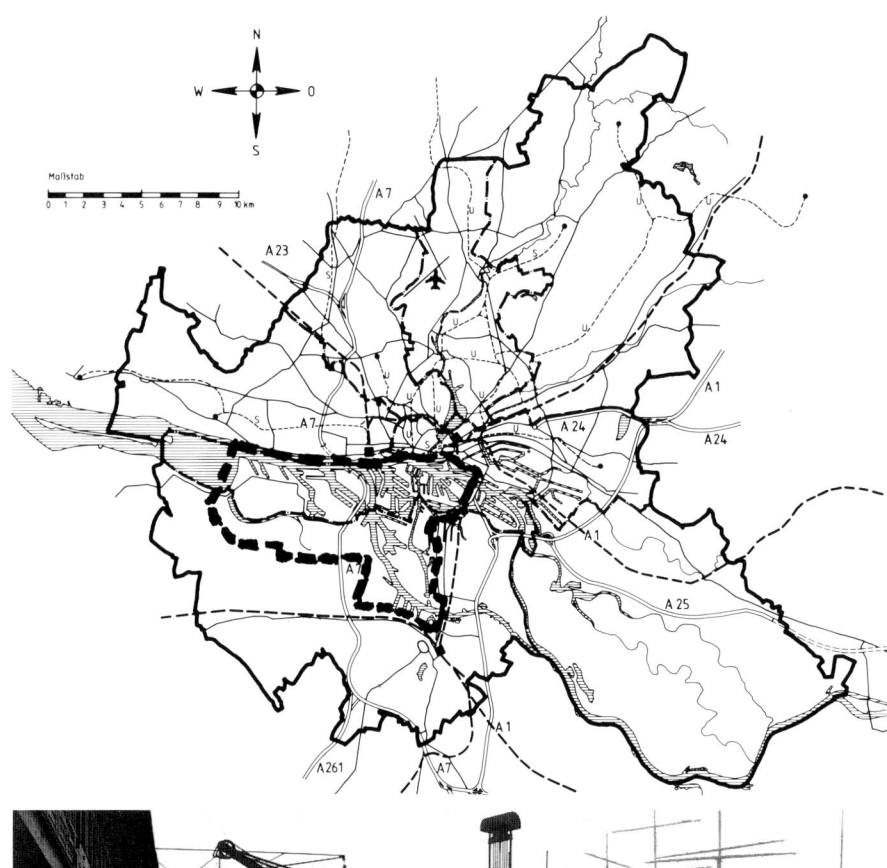

Der Hamburger Hafen

Im 9./10. Jahrhundert lag die erste Schiffsanlegestelle in einem Nebenarm der Bille (späteres Reichenstraßenfleet) bei der frühesten Hamburger Ansiedlung (Bild 3). Der erste Hafen enstand 1189 im Alsterbogen (späteres Nikolaifleet) zwischen der Trost- und Zollenbrücke (Bild 6). In den folgenden Jahrhunderten erfolgte der Güterumschlag an den Lagerhäusern in den Fleeten.

Im 17. Jahrhundert wurde für die größeren Schiffe eine Außenreede vor der Alstermündung (späterer Binnenhafen) angelegt (Bild 7 und 8). Als auch der Binnenhafen nicht mehr ausreichte, erfolgte die Ausdehnung zum Niederhafen am Baumwall als Reede im Strom (Bild 24). In der 2. Hälfte des 19. Jahrhunderts schuf Johannes Dalmann den ersten offenen Tidehafen mit Kaianlagen (Sandtorhafen), später folgte der Grasbrook- und Baakenhafen (Bild 547). Ab 1876 entstanden die ersten Werft- und Hafenanlagen auf dem Südufer der Norderelbe (Bild 10). 1888 wurde der Freihafen mit der Speicherstadt im Brook fertiggestellt (Bild 539 – 544). In der Zeit von 1888 bis 1913 erfolgte der Hafenausbau auf Steinwerder und auf dem Kleinen Grasbrook. 1920 – 1930 Ausbau des Waltershofer- und Griesenwerder Hafens.

Seit 1937 bilden die Hamburger, Harburger und Altonaer Häfen zusammen den heutigen Hafen Hamburg. Im Krieg 1939/45 Zerstörung und ab 1946 Wiederaufbau und moderner Ausbau des Hafens (ab 1966/67).

517 (oben)   Der heutige Hamburger Hafen bedeckt eine Fläche von 8 700 ha (11,5 % des Hamburger Staatsgebietes).

518 und 519   Hafenbetrieb vor 1900; Güterumschlag mit Sackkarre, Transport mit Pferdefuhrwerken.

Heute ist der Hamburger Hafen mit
einem Güterumschlag von rd. 57 Mill. t
pro Jahr der größte Seehafen der Bundesrepublik Deutschland.

Hafengebiet Steinwerder

520   Luftbild von 1929. In Bildmitte der
Kaiser-Wilhelm-Hafen und dahinter der
Kuhwerder Hafen (erbaut 1908). Im Hintergrund die Norderelbe. Zwischen Norderelbe und Kuhwerder Hafen liegt die Werft
Blohm und Voß (links im Bild). Am Steinwerder Kai im Kuhwerder Hafen liegt die
halbfertige „Europa", sie lief 1928 vom Sta-
pel und ging 1930 auf Jungfernfahrt; sie
hatte 46 500 BRT. Vorne links im Bild ein
Teil der Vulkan-Werft (heute Howaldts-
werke – Deutsche Werft). Im Kaiser-Wilhelm-Hafen zahlreiche Fracht- und Passa-
gierschiffe.

521   Hafenbetrieb 1930 im Kaiser-Wilhelm-Hafen am Kronprinzkai. Be- und
Entladen am Kai mit Hilfe von Kränen
sowie Umladen der Güter mit schiffseige-
nem Hebegeschirr in Binnenschiffe und
Schuten.

◀ *522 Der Steinwerder Hafenteil, 1945.*

(1) Norderelbe
(2) Die zerstörte Werft Blohm und Voß
(3) Kuhwerder Hafen
(4) Kaiser-Wilhelm-Hafen
(5) Vulkan-Werft

523 Der Kronprinzkai im Kaiser-Wil-helm-Hafen, 1945. Bomben haben die stäh-lernen Halbportalkräne am Kai umgestürzt, die Schuppen sind ausgebrannt und einge-stürzt.

524 Der Schuppen 80 am Sthamerkai im Oderhafen, 1945. Die um 1900 erbauten hölzernen, dreischiffigen Hamburger Kai-schuppen sind, bis auf einzelne Stahlstützen, den Brandbomben zum Opfer gefallen.

525 Heutiges Luftbild vom Roßhafen mit Hachmannkai und Roßkai sowie vom Oderhafen mit Chilekai und Sthamerkai (rechts unten) – s. Bild 524.

526 Schuppen 59 am Windhukkai im Südwesthafen, 1945. Auch der damals neuzeitliche Stahlbetonschuppen mit Tonnenschalendach hielt den Bomben nicht stand.

527 Über 2300 Schiffe sind im Hafen durch Fliegerangriffe versenkt worden oder ausgebrannt. Hier ein versenktes Schiff am Kai im Baakenhafen.

528 Heutiges Luftbild vom Südwesthafen mit Windhukkai (links unten – s. Bild 526), Kamerunkai und Togokai sowie Indiahafen mit Afrika- und Australiakai (rechts).

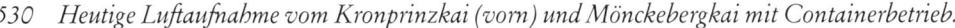

529 *Eine Bombe zerschlug die massive Kaimauer am Mönckeberg-/Kohlenkai. Im Hintergrund Kohlenwagen-Kippanlage.*

530 *Heutige Luftaufnahme vom Kronprinzkai (vorn) und Mönckebergkai mit Containerbetrieb.*

531 Luftbild vom Nieder- und Binnenhafen, 1937. Links Baumwall mit Hochbahn
und Überseebrücke am Niederhafen; rechts
Uferstraße Kajen – Hohe Brücke am Binnenhafen mit der Kehrwiederspitze (vorn
rechts).

532 Luftbild vom Sandtorhafen, 1929. In
Bildmitte die Kehrwiederspitze mit der
Speicherstadt im Brook; vorn das Kaiserhöft und davor ein argentinisches Schulschiff.

Nieder- und Binnenhafen

533 Das zerstörte Hafengebiet an der ▶
Norderelbe zwischen Reiherstieg (links)
und Grenzkanal (heute Steinwerder Hafen,
rechts), 1945. Am linken Bildrand der Still-
horner Damm, rechts der Worthdamm. In
Bildmitte der Stich- und Querkanal. Im
Hintergrund die Innenstadt mit der Michaeliskirche und dem Nikolaiturm. Ein
Bild totaler Verwüstung.

534 Etwa gleiche Aufnahme wie Bild ▶
533, heute. Neue Industrie- und Hafenanlagen; der ehemalige Stichkanal ist Indu-
striefläche geworden.

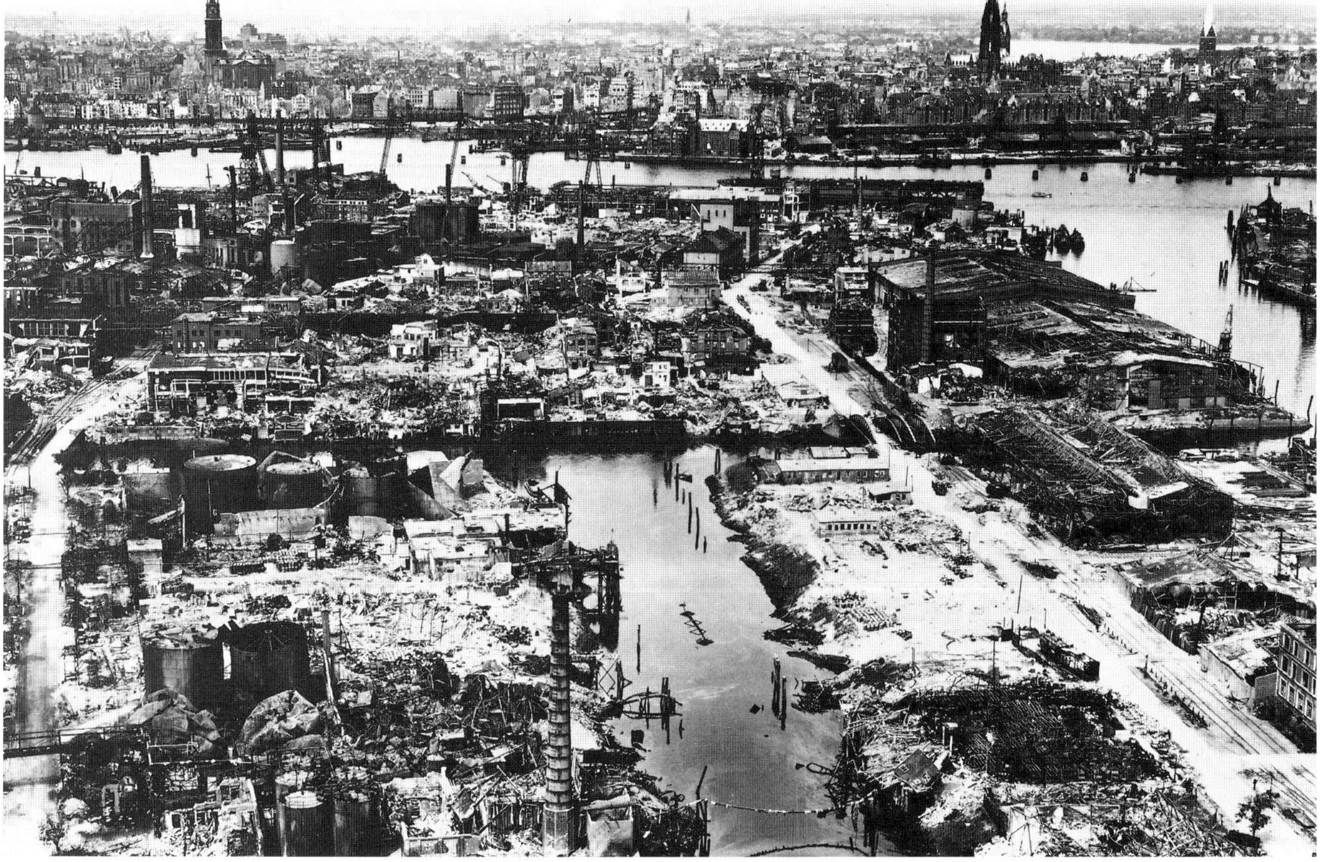

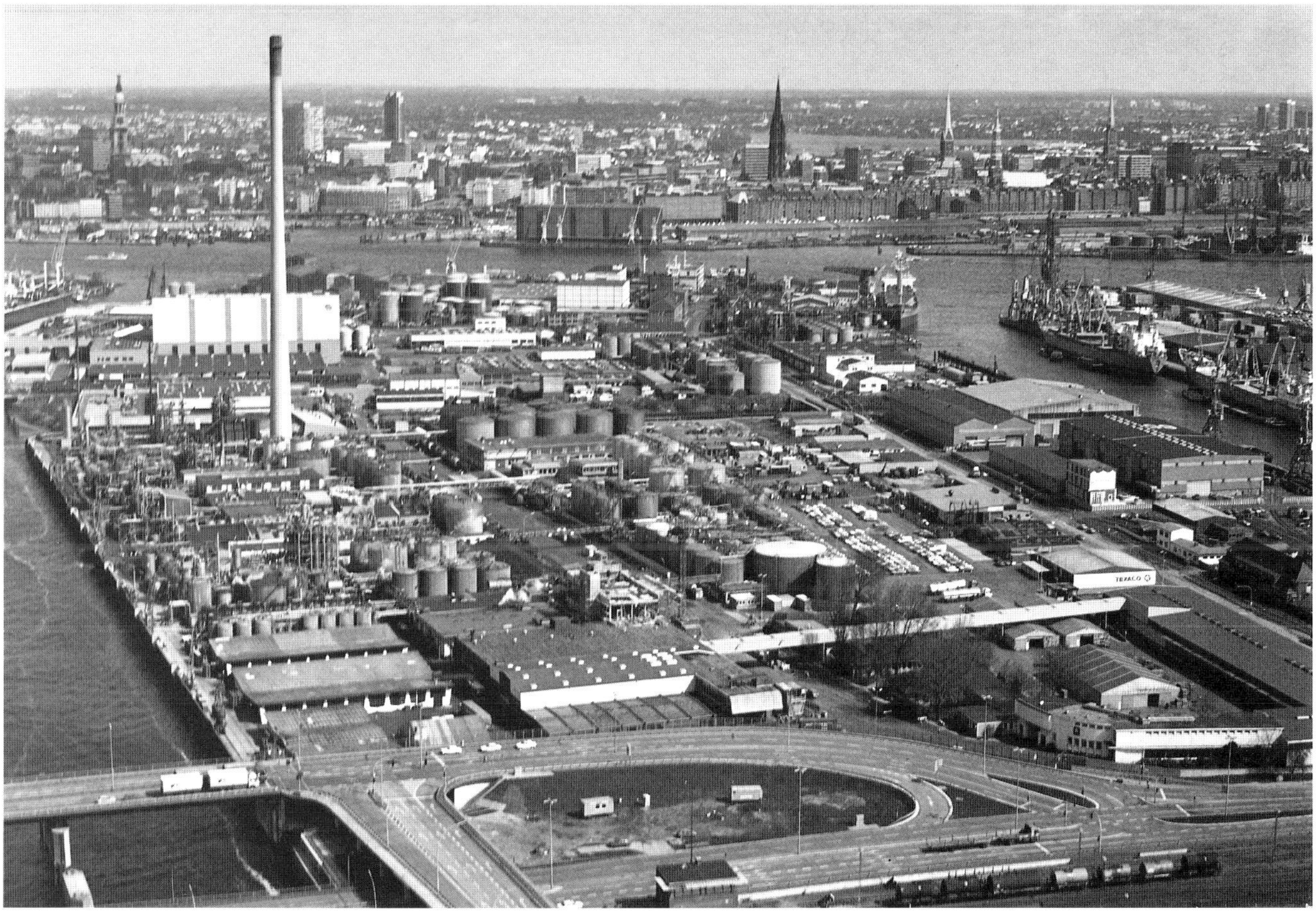
TEXACO

535   Die zerstörten Werftanlagen am Südufer der Norderelbe, 1945. Gegenüber die zerstörte Kehrwiederspitze sowie die Ruinen am Kaiserhöft; rechts davon am Dalmannkai ein versenktes Schiff im Grasbrookhafen.

536   Ein Blick vom Dalmannkai (vgl. Bild 535) auf die zerstörten Werftanlagen beiderseits des Reiherstieges, 1945. Das Schiff liegt ausgebrannt auf Grund; Kaistraße und -schienen sind zerstört.

537   Der Kaiserkai im Sandtorhafen, 1945. Schuppen und Kräne zerstört, die Kaimauer durchschlagen.

538   Heutiger Blick über den Kaischuppen A am Kaiserhöft auf die Speicherstadt und Innenstadt.

539 Der Wandbereiter Brook am Hol-
ländischbrookfleet, 1883, vor dem Abriß
und dem Neubau des Freihafens mit der
Speicherstadt. Das alte Brookgebiet war ein
Wohn- und Kaufmannsviertel, durchzogen
von mehreren Fleeten. An den Fleeten die
Lagerhäuser zur Lagerung der per Schiff an-
gelieferten bzw. abzutransportierenden Güter aller Arten.

540 Die Brooksbrücke um 1900; sie wurde im Rahmen der Erstellung des Freihafens
(1883 – 1888) zusammen mit der Kornhausbrücke und der Jungfernbrücke über
den neu angelegten und verbreiterten Zollkanal als Verbindung von der Stadt zum
Freihafen neu erbaut. An der Brooksbrücke
wurde im Oktober 1888 der Freihafen
durch Kaiser Wilhelm II. eröffnet. Die
Standbilder „Germania" (links) und „Ham-
monia" (rechts) wurden 1943 zerstört.

541 (unten links) Das Brookfleet in der
Speicherstadt mit Blickrichtung Kehrwie-
derfleet um 1900.

542 Die Brookfleete 1943; Speicher zerstört, Schuten zerschlagen und gesunken.

543 Die Ruinenkulisse des westlichen Teils der Speicherstadt auf der
Kehrwiederinsel im Bereich des Bin-
nenhafens (1943).

544 Luftbild von der heutigen
101jährigen Speicherstadt im Freihafen (Blickrichtung von West nach
Ost).

1 Zollkanal
2 Wandrahmsfleet
3 Holländisches Brookfleet
4 St.-Annen-Fleet
5 Brooksfleet
6 Jungfernbrücke
7 Kornhausbrücke
8 Wandbreiterbrücke
9 St.-Annen-Brücke
10 Pickhuben- u. Neuerwegsbrücke
11 Straße Dovenfleet mit neuer
   Hochwasserschutzmauer für
   die Innenstadt
12 Meßberg
13 Wandrahmssteg
14 Deichtorplatz
15 Oberbaumbrücke
16 Poggenmühlenbrücke
17 Zollamt Brooktor
18 Brooktorquai
19 Sandtorquai

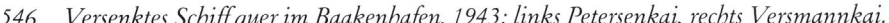

545   Luftbild 1930 vom Moldauhafen, Segelschiffhafen (heute zugeschüttet und Fläche des Fruchtzentrums), Hansa-, India- und Südwesthafen (vgl. Bild 547).

546   Versenktes Schiff quer im Baakenhafen, 1943; links Petersenkai, rechts Versmannkai.

547   *Heutiges Luftbild vom Hamburger Hafengebiet nördlich und südlich der Norderelbe (Blickrichtung von Ost nach West):*

(1) Norderelbe
(2) Norderelbbrücken (Straße und Bahn)
(3) Grasbrookhafen
(4) Sandtorhafen
(5) Binnenhafen
(6) Speicherstadt im Brook
(7) Baakenhafen
(8) Oberhafen
(9) Großmarkt Hammerbrook
(10) Billhafen

(11) Brückenstraße/Röhrendamm
(12) Haken
(13) Rothenburgsort
(14) Kuhwerder Hafen
(15) Kaiser-Wilhelm-Hafen
(16) Oderhafen
(17) Travehafen
(18) Reiherstieg
(19) Südwesthafen
(20) Indiahafen

(21) Sprechafen
(22) Hansahafen
(23) Fruchtzentrum
(24) Saalehafen
(25) Überseezentrum
(26) Müggenburger Zollhafen
(27) Veddel, BAB 255
(28) Marktkanal
(29) Peutekanal
(30) Peutehafen

548 Luftbild vom Waltershofer- und Griesenwerder Hafen im Winter 1932. Die Kaianlagen des Waltershofer- (rechts) und des Griesenwerder Hafens sind zur Zeit der Aufnahme noch nicht voll ausgebaut. Beide Hafenbecken dienten während der damaligen Weltwirtschaftskrise als „Schiffsfriedhof". Dicht an dicht lagen hier die beschäftigungslosen Schiffe. Im Hintergrund die Norderelbe und Altona (Övelgönne – Neumühlen).

549 und 550 Bei der Hochwasserkatastrophe vom 16./17. Februar 1962 brach in der Nacht der westliche Deich vor dem Kleingarten- und Behelfsheimgebiet auf Waltershof. Bei dieser Katastrophenflut kamen in Hamburg insgesamt 315 Menschen ums Leben, ein großer Teil davon hier auf Waltershof.

551　Luftbild vom Waltershofer Gebiet, 1945; deutlich sind die zahllosen Bombentrichter zu erkennen.

(1) Norderelbe	(5) Maakenwerder Hafen	(9) Waltershofer Hafen
(2) Landungsbrücke Neumühlen	(6) Maakenwerder Höft	(10) Griesenwerder Damm
(3) Athabaskahöft	(7) Köhlbrand	(11) Griesenwerder Hafen
(4) Kleingartengebiet Waltershof	(8) Köhlbrandhöft	(12) Rugenberger Hafen

552   Der Diestelkai am Griesenwerder Hafen, 1943. Zerstörte Eisenbahnanlagen und Güterwagen am Kai.

553   Luftbild vom heutigen Waltershofer- (links) und Griesenwerder Hafen (rechts). Auf der mittleren Kaizunge der Seehafenbetrieb Holzmüller.

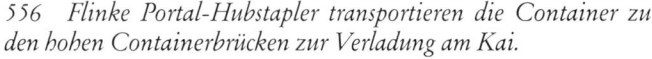

554 Heutiges Luftbild vom Waltershofer Hafengebiet mit dem rd. 200 ha großen Container-Terminal Waltershof mit seinen 9 Hallen, 15 Liegeplätzen für Seeschiffe, 16 Containerbrücken, 19 Kai- und Mobilkränen, 3 Stapelbrücken, 3 Verladebrücken, 3 Roll-on-/Roll-off-Anlagen und 55 Portal-Hubstaplern. Im Vordergrund die BAB A 7 mit dem Autobahn-Elbtunnel (rechts), der Rugenberger Hafen und die westliche Auffahrtsrampe der Köhlbrandbrücke.

Container-Terminal Waltershof

555 Moderne Transportgeräte beim Güterumschlag; hier ein großer Gabelstapler für schwere Container.

556 Flinke Portal-Hubstapler transportieren die Container zu den hohen Containerbrücken zur Verladung am Kai.

Die Köhlbrandkreuzung

Der Köhlbrand verbindet die Harburger Häfen mit der Elbe, trennt jedoch das Steinwerder- vom Waltershofer Hafengebiet.

557 Die alten Auto- und Eisenbahn-Köhlbrandfähren (ab 1912) erinnern an die legendären „Mississippi-Dampfer" (rechts im Bild); sie wurden 1966 von moderneren Fährschiffen abgelöst; mit der Köhlbrandbrücke (Bild 559) fielen die Fähren fort.

558 Im Bereich der Hohen Schaar (Wilhelmsburg) führt seit 1973 die Kattwyk-Hubbrücke Autos und Eisenbahn über den Köhlbrand. Mit dem 100 m weiten Hubteil ist sie die größte bewegliche Brücke Europas.

559 Die vierspurige Köhlbrandbrücke – 1974 von Bundespräsident Walter Scheel und Bürgermeister Peter Schulz eingeweiht – ist mit ihren Rampen insgesamt rd. 4 km lang. Sie führt den Straßenverkehr in 54 m Höhe über den Köhlbrand hinweg. Die rd. 520 m lange Stahlbrücke wird von zwei 135 m hohen Pylonen und 88 Schrägseilen gehalten. Die Brücke erhielt 1976 den Europa-Stahlbaupreis. Die Brücke verbindet die Hafenteile westlich und östlich des Köhlbrandes und schließt direkt an die BAB A 7 an.

Dank des Verfassers

Bei der Bearbeitung dieser Dokumentation habe ich von vielen Seiten Unterstützung und Rat erhalten. Ich danke
- der Leitung der Baubehörde Hamburg, Herrn Senator Wagner, Herrn Staatsrat Reimann und Herrn Oberbaudirektor Professor Kossak,
- dem Direktor des Staatsarchivs Hamburg, Herrn Professor Dr. Loose und den Mitarbeitern des Archivs,
- dem Hafendirektor, Herrn Dr. Mönkemeier,
- dem Hafenbaudirektor, Herrn Nagel,
- der Staatlichen Pressestelle und dem Pressesprecher der Baubehörde, Herrn Müller-Landré, sowie
- den Kollegen in den Bezirksämtern.

Für Foto- und Archivarbeiten danke ich
- der Lichtbildnerei der Baubehörde, Herrn Fischer und den Mitarbeitern, insbesondere Frau Meyer, Frau Vogel und Herrn Vollert,
- dem Vermessungsamt der Baubehörde, insbesondere den Herren Pahl, Graeff, Fleischhauer, Facklam und Brand sowie den Mitarbeitern,
- der Staatlichen Landesbildstelle, insbesondere Herrn Eisenhauer und Frau Sengstack,
- der Abteilung Kampfmittelräumdienst des Tiefbauamtes, insbesondere Herrn Gäbler und Herrn Schubert,
- der Hamburger Hochbahn AG, den Hamburger Gaswerken GmbH, der Bundesbahn, Strom- und Hafenbau, Brücken- und Flughafenbau, Flughafen Hamburg GmbH, Feuerwehramt, Amt für Marktwesen und den Unternehmen im Hafen,
- den Fotostudios und Bildjournalisten sowie den Architekten und Ingenieuren, die mir bei der Beschaffung der Fotos behilflich waren.

Für zeichnerische Mitarbeit danke ich Frau Schültke und Frau Wagener, für die Ausführung der Schreibarbeiten danke ich Frau Graunke und Frau Giesenkirchen. Herrn Architekt G. Hirschfeld gilt mein Dank für seinen Beitrag „Wohnen in Hamburg im 19. und 20. Jahrhundert".

Inhalt

Literatur

1) Architektonischer Verein: „Hamburg, historisch-topographische und baugeschichtliche Mitteilungen", Verlag Otto Meissner, Hamburg 1868.
2) Architekten- und Ingenieur-Verein Hamburg e. V.: „Hamburg und seine Bauten, 1890", Verlag Otto Meissner, Hamburg.
3) ders., „Hamburg und seine Bauten, 1914", Verlag Boysen und Maasch, Hamburg.
4) ders., „Hamburg und seine Bauten, 1929", Verlag Boysen und Maasch, Hamburg.
5) ders., „Hamburg und seine Bauten, 1953", Verlag Hoffmann und Campe, Hamburg.
6) ders., „Hamburg und seine Bauten, 1969", Hammonia-Verlag, Hamburg.
7) ders., „Hamburg und seine Bauten, 1984", Hans Christians Verlag, Hamburg.
8) Ulrich Bauche: „Hamburg in historischen Luftbildern", Verlag Georg Westermann, Braunschweig 1980.
9) G. Bolland: „Hamburg – das Werden einer deutschen Großstadt", Jäger'sche Verlagsbuchhandlung, Leipzig/Berlin 1938.
10) Hans Brunswig: „Feuersturm über Hamburg", Motorbuch-Verlag, 6. Aufl., Stuttgart 1983.
11) Fr. Clemens: „Hamburgs Gedenkbuch – eine Chronik seiner Schicksale und Begebenheiten",

Band I und II, Nachdruck der Ausgabe von 1844, Ernst Kabel Verlag, Hamburg 1978.
12) Hans-Günter Freitag / Hans-Werner Engels: „Altona, Hamburgs schöne Schwester", Hamburger Abendblatt, Axel Springer Verlag AG, Hamburg 1982.
13) Kurt Grobecker / Hans-Dieter Loose / Erik Verg: „Heraus aus den Trümmern – Hamburg in den 50er Jahren", Ernst Kabel Verlag, Hamburg 1983.
14) Friedhelm Grundmann: „Hamburg", Deutscher Kunstverlag.
15) Egbert A. Hoffmann: „Hamburg '45 – so lebten wir zwischen Trümmern und Ruinen", Rautenberg Verlag, Leer 1985.
16) Werner Jochmann / Hans-Dieter Loose: „Geschichte der Stadt und ihrer Bewohner", Band 1, Verlag Hoffmann und Campe, Hamburg 1982.
17) Anke und Volkwin Marg: „Hamburg, Bauen seit 1900", Hans Christians Verlag, Hamburg.
18) Bernhard Meyer-Marwitz: „Das Hamburg Buch", Taschenbuch der Hamburg-Information, Hans Christians Verlag, Hamburg 1981.
19) Volker Plagemann: „Industriekultur in Hamburg", Verlag C. H. Beck, München 1984.
20) Georg-Wilhelm Röpke: „Zwischen Alster und Wandse", Verlag Otto Heinevetter, Hamburg 1985.
30) Dr. Rolf Stephan: „Brücken für Hamburg – Bauinspektor J. H. Maack, 1841–1868", C. W. Dingwort Verlag Hamburg, 1987.

21) Carl Schellenberg: „Das alte Hamburg", Hans Christians Verlag, Hamburg 1975.
22) Dr. Rolf Stephan: „Die Brückentrilogie am Mundsburger Kanal – ein Beitrag zur Geschichte eines Hamburger Stadtteils", Zeitschrift des Vereins für Hamburgische Geschichte, Band 68, Hans Christians Verlag, Hamburg 1982.
23) Dr. Rolf Stephan: „Verbinden und Überwinden – Brücken und Tunnel in Hamburg und ihre Bedeutung für die städtebauliche Entwicklung der Stadt", Verlag Baukultur, Niedernhausen, Heft 1/84.
24) Erik Verg: „Das Abenteuer, das Hamburg heißt – Der weite Weg zur Weltstadt", Hamburger Abendblatt, Verlag Axel Springer AG, Hamburg 1977.
25) Erik Verg: „Harburger Geschichte(n) – von 900 bis 1980", Hans Christians Verlag, Hamburg 1981.
26) J. C. W. Wendt / C. E. L. Kappelhoff: „Hamburgs Vergangenheit und Gegenwart – eine Sammlung von Ansichten", Band I und II, Verlag von Wendt und Co., Hamburg 1897.
27) Karl Wölfle: „Hamburger Geschichtsatlas, heimatkundliche Karten und Bilder", Verlag L. Friederichsen und Co., Hamburg 1926.
28) Verein für Hamburgische Geschichte: „Zeitschrift des Vereins für Hamburgische Geschichte", Jahresbände, Hans Christians Verlag, Hamburg.
29) Eckart Klessmann: „Geschichte der Stadt Hamburg", Hoffmann und Campe-Verlag Hamburg, 1981.

Bildquellen

Erich Andres, Hamburg: 137, 149, 259, 331.
Baubehörde Hamburg, Lichtbildnerei: Umschlag vorn, oben, Umschlag vorn, unten, Umschlag hinten, 2, 4, 5, 6, 7, 8, 9, 10, 11, 15, 17, 19, 22, 40, 45, 46, 47, 48, 49, 51, 59, 83, 84, 87, 88, 89, 90, 103, 104, 106, 110, 112, 114, 115, 118, 119, 120, 122, 123, 125, 126, 127, 128, 129, 132, 133, 140, 141, 142, 143, 144, 146, 147, 150, 152, 153, 155, 156, 158, 168, 171, 172, 173, 174, 177, 178, 179, 190, 191, 193, 195, 200, 203, 204, 205, 209, 211, 212, 214, 216, 218, 222, 224, 225, 228, 229, 231, 238, 239, 249, 250, 251, 255, 258, 260, 267, 268, 270, 271, 274, 275, 276, 277, 278, 279, 280, 281, 282, 284, 285, 286, 288, 290, 291, 292, 293, 294, 295, 301, 308, 310, 311, 313, 319, 321, 324, 326, 328, 332, 334, 338, 339, 340, 341, 342, 343, 345, 346, 347, 351, 354, 359, 360, 361, 374, 376, 379, 381, 382, 384, 385, 386, 387, 388, 390, 391 a, 391 b, 392, 399, 400, 401, 402, 404, 405, 406, 407, 408, 409, 410, 412, 413, 414, 415, 416, 417, 418, 419, 420, 421, 422, 423, 425, 426, 427, 428, 430, 436, 441, 443, 445, 447, 449, 451, 454, 456, 457, 460 a, 460 b, 461, 465, 470, 473, 474, 475, 476, 477, 478, 479, 480, 481, 482, 483, 484, 485, 486, 487, 488, 489, 490, 492, 497, 498, 499, 500, 502, 503, 504, 505, 506, 507, 508, 509, 510, 511, 512, 516, 534, 549, 550, 558, 559.
Baubehörde Hamburg, Vermessungsamt: Innendeckel vorn, Innendeckel hinten, 14, 67, 81, 83, 93, 139, 148, 196, 198, 210, 215, 219, 221, 227, 232, 233, 246, 248, 262, 287, 300, 302, 303, 314, 325, 424 a, 424 b, 469, 468, 469, 496, 513, 515, 520, 522, 531, 532, 533, 535, 545, 547, 548, 551.
Blohm und Voß AG, Hamburg: 53, 54.

Deutsche Bundesbahn, Direktion Hamburg, Lichtbildnerei: 16, 28, 30, 36, 223, 254, 333, 491, 493.
Dyckerhoff u. Widmann KG, Hamburg: 264.
Feuerwehramt Hamburg: 154, 175, 186, 199, 202, 527, 542.
Flughafen Hamburg GmbH: 431, 433.
Walter Güldner, Hamburg: 432.
Hafen Hamburg, Der Generalvertreter: 554.
Hamburger Hafen- und Lagerhaus-AG: 25, 26, 518, 519, 556.
Hamburger Gaswerke GmbH, Bildarchiv: 23, 29, 31, 33, 37, 41, 57, 206, 220, 539.
Hamburger Hochbahn AG: 32, 34, 38, 96, 97, 100, 101, 358.
Hanseatische Luftfoto Gesellschaft mbH, Hamburg: 18, 283.
Professor Bernhard Hermkes, Hamburg: 265.
Gerhard Hirschfeld, Hamburg: 55, 56, 58, 60, 61, 62, 63, 64, 65, 66, 68, 69, 70, 71, 72, 73, 74, 75, 77, 78, 348.
Holzmüller, Seehafenbetrieb KGaA, Hamburg: 553, 555.
Professor Egbert Kossak: 79.
Heiner Leiska, Hamburg: 257.
Heiner Leiska/Peter Wels, Hamburg: 435.
Lufthansa-Photo, Hamburg: 434.
Luftbildabteilung der Luftverkehrsgesellschaft Hamburg GmbH: 335.
Amt für Marktwesen, Hamburg: 263.
Messerschmitt-Bölkow-Blohm GmbH, Hamburg: 296.
Studio Schmidt-Luchs, Hamburg: Umschlag vorn Mitte, 145.
Fotostudio Schulze-Alex, Hamburg: 1, 24, 42, 50, 52, 201, 245, 269, 297, 316, 344, 349, 357, 396, 397, 471, 472, 514, 525, 528, 530, 538, 544.

Staatliche Landesbildstelle, Hamburg: 20, 21, 27, 39, 43, 76, 85, 91, 94, 98, 102, 107, 108, 109 a, 109 b, 111, 117, 121, 124, 130, 134, 136, 151, 157, 159, 160, 162, 163, 164, 165, 169, 180, 183, 184, 187, 188, 194, 207, 208, 213, 226, 230, 234, 236, 240, 243, 244, 247, 252, 253, 256, 261, 266, 272, 273, 304, 305, 306, 309, 312, 315, 320, 322, 323, 327, 352, 355, 356, 363, 365, 367, 370, 372, 378, 380, 393, 394, 395, 398, 403, 411, 440, 442, 444, 446, 448, 450, 452, 453, 455, 458, 459, 462, 464, 501, 523, 524, 526, 540, 541, 546, 552.
Staatsarchiv Hamburg: 235, 237, 242, 299, 329, 330, 369, 439, 467, 495.
Dr. Rolf Stephan, Hamburg: 3, 12, 13, 44, 80, 86, 92, 95, 99, 105, 113, 116, 131, 135, 138, 161, 166, 167, 170, 176, 181, 182, 185, 189, 192, 197, 217, 241, 289, 298, 307, 336, 337, 350, 353, 362, 364, 366, 368, 371, 373, 375, 377, 383, 438, 463, 466, 494, 517.
Strom- und Hafenbau, Hamburg: 35, 521, 529, 536, 537, 543, 557.
Günter Talkenberg, Hamburg: 317, 318.
Luftbilder, Freigabe durch Luftamt Hamburg: 433/83, 1658/71, 848/83, 78/85, 6629/73, 02/0136, 885/83, 915/82, 1198/83, 967/78, 1389/84, 3096/73, 1064/82, 848/83, 478/83, 747/83, 306/84, 786/83, 880644, 921/73, 2850/73, 880619, 50/361/74, 7011, 204396, 204397, 929/81, 880020, 880653, 26/80, 1685/1, 1295/81, 881/67, 786/83, 3101/73, 959/78, 204396, 537/84, 820/75, 389/85, 4616/78, 997/81, 2521/79, 880609, 810/75, 2696/69, 5001/78, 5003/78, 383/85, 917/72, 880608, 915/82, 1530/84, 478/83, 686/83, 647/79, 1133/83, 596/81, 320/81, 90/83, 295/81, 216/77, 886/76, 382/85, 248/89, 254/89, 270/89, 247/89, 246/89, 543/88, 250/89

Hamburger Innenstadt heute